管理科学与工程前沿丛书

智慧城市建设运营模式研究

The research on construction and operating mode of intelligent city

主编　郭会明　于相宝

编委　徐爱国　袁　茵　范亚琼

北京理工大学出版社
BEIJING INSTITUTE OF TECHNOLOGY PRESS

图书在版编目（CIP）数据

智慧城市建设运营模式研究／郭会明，于相宝主编
. -- 北京 ：北京理工大学出版社，2016.9（2024.8 重印）
ISBN 978-7-5682-1884-9

Ⅰ．①智…　Ⅱ．①郭…　②于…　Ⅲ．①现代化城市 -
城市建设 - 研究　Ⅳ．①C912.81

中国版本图书馆 CIP 数据核字（2016）第 038276 号

责任编辑：刘永兵　　　文案编辑：刘永兵
责任校对：王美丽　　　责任印制：王美丽

出版发行／北京理工大学出版社有限责任公司
社　　址／北京市丰台区四合庄路 6 号
邮　　编／100070
电　　话／（010）68944439（学术售后服务热线）
网　　址／http：//www.bitpress.com.cn

版 印 次／2024 年 8 月第 1 版第 2 次印刷
印　　刷／北京虎彩文化传播有限公司
开　　本／710 mm×1000 mm　1/16
印　　张／14
字　　数／167 千字
定　　价／68.00 元

序 言
PREFACE

随着信息技术的飞速发展，围绕信息应用的计算机技术、数字技术、网络技术、通信技术、传感器技术等传统电子信息技术也呈现出日新月异的进步，智能感知、云计算、大数据、物联网、"互联网+"等新的技术概念层出不穷，进而推动信息高速公路、数字地球、智慧地球等一个个人类信息工程接连不断地步入我们的现实生活，让这个时代充满奇光异彩，焕发无比的活力。

智慧城市是 2010 年开始兴起的一个新的概念，由 IBM 首先提出之后，迅速风靡全球，在我国也形成了一股前所未有的热潮，各种相关的研究、论坛和报告比比皆是，但真正要付诸实施，必须由政府主导才有可能。于是在 2011 年年初，国内少数城市试探性地开始了围绕智慧城市建设的实质性的行动。

武汉是我的家乡，是哺育我长大、培养我成长的故土，一直是以敢为人先的精神而著称，他们面向全球招标，首先开启了国内智慧城市探索的先河。中国航天科工集团旗下的航天长峰科技工业集团公司联合

　　多家兄弟单位，参与武汉智慧城市整体规划与设计项目的投标，在与众多国内外竞争对手的较量中，力克群雄，一举中标。我有幸作为联合团队的项目负责人，带领来自集团所属的二十多家单位的近百名技术人员，承担了这项具有挑战意义的设计任务，历时两年多的时间，完成了"一总""四分"和十五个专项领域的规划设计报告，形成了一整套的规划设计方案，最终圆满完成任务，向武汉市政府交上了一份满意的答卷，也成为国内智慧城市规划与建设的一个标杆。

　　随着时间的推移，项目本身已经逐渐开始淡出人们的视线，但是由它引发的针对智慧城市的研究与探索，仿佛大海波澜，越来越声势浩大，学术派、管理派、企业派的各种观点此起彼伏，智慧城市的概念、理论、设计和建设，已经遍及全国各级城市，而且从概念转入实践，从规划设计转到试点建设，从局部新区转向城市整体，一场以智慧城市建设为核心的社会转型正在国内兴起和普及。

　　我其实是一个喜欢安静，又不善言辞的人，并无著书立说的主观愿望，干完的工作，做完的事，把它记下来，收藏到笔记本里，摞起来放入书柜，就算完事。但在我们的团队中，也有不甘寂寞的同事，他时不时在我的耳边絮叨起项目过程中的点点滴滴，让我的心也无法轻松地平静下来，常常又回到在武汉日夜忙碌的日子。为了高质量完成任务，我们请了钟山、李伯虎院士作为顾问，先后多次拜访咨询包括李德仁、刘经南、赵梓森、李德毅、何炎祥、廖泰安、蒋鄑平等知名院士、专家，到武汉市五十多个委办局逐一调研对接，与武汉大学、武汉邮电科学研究院等高校和科研院所联合开展了十余次专项研讨，项目成果凝聚了众多专家学者、政府机关工作人员以及项目团队人员的智慧和辛劳。武汉智慧城市的成果在2013年巴塞罗那智慧城市博览会上，也引起国际同行的高度关注，如果我们把这些成果随意搁置，尘封起来，的确显得太不负责任。正是基于这样的想法，我们以项目中的主要内容为基础，进行梳理完善，补充与城市运行相关的理论，最终编辑成书，以期与同行分享，让它在国内智慧城市建设中发挥更大的作用。

　　本书以智慧城市建设运营的实战需求为主线，以不同于其他文章的独特视角，重点突出智慧城市从概念变为现实过程中的组织管理模式，穿插介绍智慧城市所包含的基础设施、社会管理、民生服务和专项领域等方面的技术方案和建设内容。受限于时间和个人能力方面的原因，文中难免存在疏漏之处，希望各位读者不吝指正。

郭会明

2016 年 3 月 3 日于长沙

前 言
FOREWORD

目前，智慧城市建设正在大举进行，但其建设运营模式阻碍着其快速推进。本文通过梳理智慧城市建设的现状，概括了目前智慧城市的建设运营模式，分析了其中的优势和不足。进而提出智慧城市可运营的范畴，主要从融合服务平台和专项领域两类进行阐述。最后分析了智慧城市建设运营的模式，给出了智慧城市建设运营的几种比较流行和适用的建设运营模式。

目　录
Contents

第 1 章 概 述

目前，智慧城市建设正在大张旗鼓地进行，据统计显示，目前我国已有超过 500 个城市在进行智慧城市试点，并相继出台了相应规划。

在"十三五"期间，国内智慧城市的建设投资规模将突破万亿元，而与之配套的智慧交通、智慧医疗、智慧家居等一系列模块的搭建，也将迅速带动相关产业链条及企业的飞速成长。据估计，未来智慧城市建设将催生跨领域、融合性的新兴产业形态，引发相关产业链的垂直整合，使企业之间的合作不断深化与加强，并带来万亿产业规模，进而成为国内经济长期增长的重要推动力。

虽然智慧城市建设的市场空间很大，大多数信息化企业都有积极参与智慧城市建设的意愿，并且智慧城市建设涉及领域众多，范围很广，所需资金巨大，政府倡导市场化运作、企业运营的模式，并且提供相应的政策扶持，鼓励企业创新智慧城市运营模式，参与智慧城市建设；但由于缺乏成熟的运营模式，盈利模式不确定，经济效益不明晰，各大企业和投资公司都裹足不前，导致智慧城市建设缺乏充足的资金支持，阻碍了智慧城市建设顺利进行。

如何解决智慧城市建设所需要的大量资金，如何通过智慧城市建设提高城市管理水平，促进信息产业发展，加快 IT 企业发展步伐，提升市民幸福指数，这些都是智慧城市建设中亟待解决的问题，对智慧城市建设运营模式的研究也显得愈发重要了。

第2章 智慧城市建设
运营现状分析

自 2013 年起，智慧城市的试点工作轰轰烈烈展开，国家各部委陆续出台了一系列政策措施推动智慧城市试点的稳步推广。

首先是住房和城乡建设部先后两批开展了 193 个智慧城市试点，对指导各地智慧城市建设和对今后的试点项目进行评价具有重要意义。

科技部、国家标准化委员会下发了《开展智慧城市试点示范工作的通知》，确定在 20 个城市开展"智慧城市"技术和标准试点示范工作，包括：大连、哈尔滨、大庆、合肥、青岛、济南、武汉、襄阳、深圳、惠州、成都、西安、太原、阳泉、南京、无锡、扬州、延安、杨凌示范区和克拉玛依。所有试点城市的成果将凝聚形成我国智慧城市技术与标准体系，并向全国其他城市推广，从而扶持和培育我国智慧城市创新链和产业链。

工信部公布的首批 68 个国家信息消费试点城市，包括京、津、沪及全国大部分省会城市。河北、浙江、江苏、四川、山东及广东六省均有 4 个城市进入试点名单。

工信部和国家发改委确定北京、天津、上海、长株潭城市群等 39 个城市（城市群）为 2014 年度"宽带中国"示范城市（城市群）。此外，还有石家庄、大连、本溪、延边朝鲜族自治州等 35 个城市及省直管县入选。

2014 年 1 月 15 日，国家发改委、工信部等 12 个部门联合下发《关于加快实施信息惠民工程有关工作的通知》，提出要围绕当前群众广泛关注和亟待解决的医疗、教育、社保、就业、养老服务等民生问题，选择信息化手段成效高、社会效益好、示范意义大、带动效应强的内容作为工作重点，着力解决薄弱环节、关键问题，增强信息服务的有效供给能力，提升信息便民惠民利民水平。信息惠民是从民生服务的视角来践行推动智慧城市的非常重要的工作。

2014 年 3 月 16 日，《国家新型城镇化规划（2014—2020 年）》，在"推进智慧城市建设"一节中提出统筹城市发展的物质资源、信息资源和智力资源利用，推动物联网、云计算、大数据等新一代信息技术创新应用，实现与城市经济社会发展深度融合；加强信息网络、数据中心等信息基础设施建设，促进跨部门、跨行业、跨地区的政务信息共享和业务协同，强化信息资源社会化开发利用，推广智慧化信息应用和新型信息服务，促进城市规划管理信息化、基础设施智能化、公共服务便捷化、产业发展现代化、社会治理精细化；增强城市要害信息系统和关键信息资源的安全保障能力。并在"开展试点示范"一章中指出："继续推进创新城市、智慧城市、低碳城镇试点。深化中欧城镇化伙伴关系等现有合作平台，拓展与其他国家和国际组织的交流，开展多形式、多领域的务实合作。"

2014 年 8 月 27 日，国家发改委、工信部等八部委联合印发了《关于促进智慧城市健康发展的指导意见》，指出：到 2020 年，建成一批特色鲜明的智慧城市，聚集和辐射带动作用大幅增强，综合竞争优势明显提高，在保障和改善民生服务、创新社会管理、维护网络安全等方面取得显著成效；实现公共服务便捷化，城市管理精细化，生活环境宜居化，基础设施智能化，网络安全长效化。

以上几项政策，再加上 2013 年 8 月 14 日《国务院关于促进信息消费扩大内需的若干意见》，为智慧城市建设发展指明了方向。

2.1 现 状 分 析

智慧城市建设是一项复杂的巨系统工程，具有跨部门、跨行业等特点，实施难度较大，而且智慧城市建设是一个渐进式的过程，所需时间对有的城市来说可能要两三年，而有的则要八九年，甚至更久。目前，智慧城市建设在我国尚处于初级阶段。国内外已经提出建设智慧城市的城市，其运营模式大致可分为以下几种。

2.1.1 政府独自投资建设模式

在该模式下，智慧城市的建设及运营主要由政府负责投资和维护，并通过部分网络容量的出租获取盈利，弥补投资成本，如美国的纽约和得克萨斯州等。该模式的优点在于政府能够深入监管工程的控制和运营，缺点是政府需要有足够的建设与运营能力，并承担所有建设费用和相应的投资风险。

2.1.2 政府投资委托运营商建设模式

在该模式下，智慧城市的建设主要由政府主导并投资，运营商提供相关的支持并负责后续的运营与维护，运营商可通过政府补贴、广告及增值服务等方式获取盈利，如新加坡及我国的香港、深圳、西安等。该模式的优点在于政府对网络监管的力度大，运营商可利用自身及政府资源降低商务风险，增加收益，不足在于政府需要承担智慧城市建设费用的相关风险，运营商对产品规划和发展的控制不足，不能有效地利用设备资源。

2.1.3　政府指导运营商投资建设运营模式

在该模式下，智慧城市的建设主要由运营商进行投资，政府主要提供相关的扶持鼓励政策或进行部分的投资，通过清晰划分免费服务、政府购买服务、商业服务等服务界限，使运营商获取资费和广告、增值服务收费，如上海、广州、厦门、延吉等。该模式的优点在于运营商能够灵活配置投资与收益模式，获取产品规划和发展的控制点，增加客户的依存度，缺点在于智慧城市建设过程中，运营商选取战略合作伙伴需要更加周密的考察和细致的协商，增加了商务风险和投资回收周期。

2.1.4　政府牵头运营商建设模式

在该模式下，智慧城市的建设主要由政府牵头，支付少量规划咨询费用，运营商出资建设，并通过前向计时收费并支付政府部分管理费等形式获取利益，如台北。该模式的优点在于大大降低了政府在智慧城市建设过程中的投资和风险，风险由运营商来承担，缺点在于不能充分调动运营商的投资建设积极性和产品规划与发展的积极性。

2.1.5　运营商独立投资建设运营模式

在该模式下，智慧城市的建设主要由运营商提供资金，政府仅提供有限的基础设施和政策支持，并通过前后向相结合的收费模式获取盈利，如美国的费城、日本的东京。该模式的优点在于政府不承担智慧城市建设的投资与风险，运营商可充分发挥已有的网络、客户、运营经验、人才及资金等各项资源的优势，最大限度地提高运营商的积极性，缺点在于政府对网络监管的难度加大，监督难以深入。

2.2 存在的难点和问题

2.2.1 信息共享互联互通难

全面互联是智慧城市的一个重要的特征。目前,各个城市通过多年的数字城市建设,公安局、规划局、交通局、城管局、环保局、水务局等各个部门在各自分管领域内的信息化建设已经取得了较大的进展,但各个部门之间的信息化建设都是独立进行,无形之中形成了一个个"信息孤岛",这些"信息孤岛"分属于不同的管理职能部门。由于这些系统由不同的软件供应商提供,不能进行互联,导致应用程序之间无法相互操作,信息难以共享。在多个系统共存的情况下,同一人或单位的信息,通常在多个系统中同时存在,并且各个系统统计出的数据常常不一致,为城市领导层做出正确决策增加了难度。虽然各个部门也都意识到了信息共享、互联互通对智慧城市建设的重要性,但由于牵扯到各部门之间的利益,通常情况下只想共享别的单位的数据,不想把自己的数据共享出来,这就严重制约了智慧城市的全面互联,影响到智慧城市的建设。因此,信息共享和互联互通也就理所当然成了智慧城市建设运营最迫切需要解决的难题。

2.2.2 协同运作充分整合难

目前城市各部门之间协调比较困难,不能有效地协同运作,更达不到充分整合。城市管理工作面广、工作量大、情况复杂,需要各相关部门密切配合,才能形成合力。但现实中各部门常常各自为政,综合管理效率相当低下。如乱停车问题,逆向行驶问题,造成道路拥堵、交通混乱,交警、公管、城管等部门因管理职能交叉,未能长期通力协作,致使管理效果大打折扣。这势必为以后智慧城市管理带来困难，影响智慧城市的运行成效。

2.2.3　管理界限不清，体制机制不完善

因为体制、机制等原因，各部门之间职责不清、职能交叉的问题长期存在。在城市管理方面素来就有"环保不下水，水务不上岸"的说法。城管与交管等管理界限不清，有些问题涉及多个职能部门，有些问题属主或属地界限并不明确。特别是面对无主或责任不清的事件，因无法得到及时处置，导致工作经常出现被动局面。

2.2.4　标准不统一，建设不规范

统一、规范和科学的标准体系，是实现智慧城市各部门之间业务数据交换、资源共享和对接的前提，可以使智慧城市高质量、秩序化地运行和实现数据的高效、准确的传输以及应用。虽然许多城市信息化程度比较高，但各个部门的信息系统由不同的供应商负责实施，只关注于各自领域内的数据与业务处理，缺少相应的接口标准和规范，它们各自为政，相互之间无法进行信息共享与业务集成，从而形成"信息孤岛"，导致不同信息系统之间难以进行信息交流和实现信息共享，产生了数据和信息重复采集和输入的现象。这不但增加了额外的数据采集和信息登录工作量，而且容易造成数据信息的不一致，阻碍了信息资源的有效利用，也制约了智慧城市的建设。

2.2.5　资金不足，缺乏商业模式

智慧城市建设涉及城市市政设施、交通、公共安全、医疗卫生、城市管理、食品药品安全、环保、教育、文化等众多领域，所需建设和运维资

金庞大，单靠政府财政难以支持智慧城市建设。尽管各大企业对智慧城市的建设跃跃欲试，但由于缺乏成熟的商业模式，企业看不到清晰的盈利前景，所以又都裹足不前，致使智慧城市的建设资金匮乏。

2.2.6　安全可靠性问题

网络信息安全是一个关系国家安全和主权、社会稳定、民族文化继承和发扬的重大问题。其重要性正随着全球信息化步伐的加快越来越显现出来。在智慧城市建设中，网络信息安全更是处于举足轻重的地位。但就目前而言，在国内智慧城市建设过程中，由于部分关键核心技术依赖国外，甚至一些规划设计可能由国外的组织和企业主持或参与，可能造成国家信息安全隐患。

2.2.7　企业不专业，人才缺乏

智慧城市信息化水平高，技术要求高，其建设运维需要大量专业的企业和中高端专业人才，目前参与智慧城市建设的企业都是由 IT 类企业临时改头换面而成的，一时难以支撑智慧城市的建设运维。物联网和智慧城市都是崭新的产业，社会上暂时没有相应的专业人才来参与智慧城市建设和实施运维，参与智慧城市建设的企业不专业和专业人才短缺现象严重。

第 3 章　智慧城市运营理论基础

城市在多年的信息化建设过程中，建成了众多的系统，积累了大量的数据，这些资源大多数没得到有效利用，甚至其维护和运行都成了政府沉重的包袱。在智慧城市建设过程中同样也会面临诸多类似问题，如何在智慧城市建设之初就未雨绸缪，将这些资源变废为宝就成为当务之急。这就迫切需要对智慧城市不但进行建设还要进行经营，了解城市经营理论也就成了必然的选择。

3.1　城市运营理论

3.1.1　城市的资源构成

3.1.1.1　资源的含义及其分类

所谓资源，是一切可作为生产资料和生活资料的实物或要素。其分类按不同的要求和目的有不同的划分标准。如按属性分，有自然资源、经济资源与社会资源；按利用程度分，有一次资源、二次资源等；按投入与否分，有天然资源和人为资源；按形态分，有实体资源与无形资源；按重要性划分，有主要资源、辅助资源和配套资源。

3.1.1.2 城市的资源构成

所谓城市资源，就是指城市地域范围内所拥有的各种各样的资源。按其属性，它也可分为城市自然资源、城市经济资源和城市社会资源。

（1）城市自然资源

1）城市土地资源：指可供城市利用的土地，包括已利用的和尚未利用的两部分，它为城市建设及生产、生活提供空间和场所。城市土地资源的状况及其利用程度，反映了一个城市物质财富的状况和经济发展的水平。

2）城市水资源：它是城市居民赖以生存的必要生活资料和生产资料。如何合理开发和充分利用城市水资源，已成为城市经营的重要课题。城市水资源主要由城市地表水和地下水两部分构成。

3）城市生物资源：是城市赖以生存和发展的基础，它又分为城市植物资源和动物资源。其中，城市植物资源是指一切对城市有益的植物的总和，它具有保持水土、调节气候的重要作用，特别是城市森林植被的恒温恒湿作用和涵养水源作用具有稳定城市生态环境的特殊作用。

4）城市气候资源：充分认识城市气候资源及其利用的限制因子，对于趋利避害、发挥气候优势、实现城市经营具有重要意义。城市气候资源主要有光能、热量、降水、风能等。

（2）城市经济资源

1）城市工业经济资源：指一定时期城市工业生产力的基本要素在实物形态和价值形态上的总称。正确认识城市工业经济资源状况，对于充分挖掘城市工业潜力、提高工业经济效益、实现城市经营具有重要意义。城市主要工业部门有能源工业（煤炭、石油、电力）、冶金工业、机械工业、化学工业、电子工业、建材工业、纺织工业、轻工业等。

2）城市交通运输和邮电经济资源：它是发展城市经济的先行部门，是为各行各业服务的基础部门。其中，交通运输包括铁路、公路、水运、航空，邮电包括邮政和电信。

3）城市建筑业经济资源，它是从事固定资产生产及再生产的一个重要物质生产部门，是发展城市经济的重要支柱。合理利用和开发城市建筑业经济资源、提高城市建筑业的经济效益，是城市经营中的一项重要任务。城市建筑业经济资源主要包括施工企业、勘察与设计部门。

4）城市商业与外贸经济资源：包括城市批发与零售业、对外贸易等。

5）城市建设资源：城市建设状况的好坏，直接影响到为城市生产、生活服务的质量。城市建设水平也反映了城市居民生活的需求与消费水平。城市建设资源主要包括城市建设用地、城市房产、给排水、城市路桥与公交、燃气、路灯照明、电力电信、园林绿化、环境卫生等。

6）城市旅游资源：随着旅游形式的不断多样化，城市旅游资源所包含的内容也日益丰富。概括地说，凡能为旅游者提供观光游览、度假疗养、探险猎奇、考察研究、娱乐游憩，以及带来知识乐趣的客体，均可包括在内。城市旅游资源大致可分为城市自然风景资源和人文景观资源及旅游商品资源三大类，但也有许多兼属前两类而难以截然分开。城市旅游资源区别于其他自然资源的一个主要的特点，就是前者在合理使用和妥善保护的前提下，可供反复、永久地使用，并可人为地开拓出来。具体而言，城市自然风景资源包括水光山色、奇峰峻岭、奇洞异窟、泉水喷涌、佳木名卉、珍禽异兽等；城市人文景观资源则包括革命文物、历史古迹、现代工程、民族风情等；城市旅游商品资源也是城市旅游资源的一个组成内容，它包括地方工艺美术制品及地方土特产等。

（3）城市社会资源

1）城市人力资源：是指城市总人口中具有劳动生产能力的那部分人

口，人们通常将劳动适龄人口称作劳动力资源。它是城市资源的重要组成部分，对城市经营具有重要意义。

2）城市智力资源：包括科研机构、科技人员、政府、院校、广播电视、文化教育等。

3）城市其他社会资源：如卫生保健、体育事业等。

3.1.1.3　城市建设资源的构成

城市建设资源是与城市建设投入有关的实体和要素。考虑到其经营的可操作性，我们认为可用于城市经营的城市建设资源主要包括以下内容：

（1）城市地产资源

城市地产资源包括未出让的国有土地、未充分利用的土地、已出让的国有土地、近三年未进行投入的空地或"烂尾"项目等。

（2）城市房产资源

城市房产资源主要包括国有闲置、未使用、未正当使用的房产。

（3）城市交通资源

城市交通资源主要指有财政投入的可用于经营的路桥、停车场、车站、码头、空港等对内、对外交通设施。

（4）城市水务设施资源

城市水务设施资源主要指城市给排水设施等。

（5）城市市容及环卫设施资源

城市市容及环卫设施资源指垃圾转运、处理设施，广告牌、霓虹灯等市容设施。

（6）城市风景园林资源

城市风景园林资源包括城市公园、绿地、广场、湖泊水道、滩地、人文景点、革命遗址等。

（7）城市建设相关机构

城市建设相关机构指市、区所属城市建设行业相关公司。

3.1.2　城市经营的概念与特点

3.1.2.1　城市经营的概念

城市经营就是不断开发创新产品和服务，为城市创造新价值。这些产品和服务可分两类：一类是企业等非政府组织不愿而且不能提供而只能由城市政府提供的公共产品和服务，这些公共产品和服务的作用是提供良好的投资环境、居住工作环境和开发城市特殊产业如会展业等；另一类是经营性组织提供的商品和服务。城市通过两种方式为自身创造新价值：一是通过不断地开发创新产品和服务，二是在现有产品和劳务的基础上寻求更好的生产和服务方式。

3.1.2.2　城市经营的特点

城市经营有四大特点：一是系统性。城市经营是一个系统工程，城市经营的意识应自始至终贯穿于城市规划、建设、管理和运营各个环节。二是复杂性和整体性。城市是一个复杂的经济、社会、文化和生态综合体，城市经济系统的内部结构相互作用、密不可分。三是长期性。城市可持续发展的内在要求决定了城市经营的长期性。四是市场化。即政府为主导，企业为主体，市场化运作。降低成本，提高收益，增强对城市客户的吸引力，提高城市的竞争力，都是市场化的表现。

3.1.3　城市经营的条件与主体

3.1.3.1　城市经营的条件

城市经营需要具备三方面的条件：其一是社会主义市场经济体制的建

立和完善，有了相应的市场，城市政府才有可能运用市场机制进行经营活动；其二是城市政府职能的转变，彻底改变在计划经济体制下形成的"大政府、小社会"，"政企不分"，市政府统管一切、包揽一切，城市建设是无偿的供给与服务，只搞建设、不管经营的传统观念和做法；其三是健全城市的法律与法规体系，因为市场经济的本质就是法制经济，市场的运作靠法律法规来约束与规范，促使城市政府对城市的经营管理纳入法治的轨道。

3.1.3.2   城市经营的主体

在社会主义市场经济条件下，城市政府对于市场要进行宏观调控和规范管理，而不是放任自流。城市政府毫无疑问是城市经营的主体，但并不是由市政府的各部门直接指挥物质生产与交换，而是通过市场进行资本运营。城市政府经营城市，在方式上要从计划经济时期的行政指令性分配，转向以法律为基础的经营与管理；在对象上从过去对企事业单位的微观管理，转向对城市资源的整体发掘、利用和经营管理。城市经营的主体是城市政府，但参与经营者则是多元化的，为此，就要有各种投资主体、各类企业和中介组织的加入，以及广大市民的参与。

经营城市的主体除了起主导作用的政府，还包括具有市场行为的企业主体（包括具有纯公益性的事业单位、准公益性的事业单位和营利性的事业单位，非政府或非营利组织），以及作为个体和整体的居民，这些不同的主体是构成城市的主体子系统的基本要素。它们在经营城市的过程中由于所处地位不同，因而具有不同的作用及发挥作用的形式，但它们都是经营城市的参与主体，在城市经营的过程中形成完整的主体结构。

3.1.4　城市经营的目标与作用

3.1.4.1　城市经营的目标

城市经营的目标在于促进城市经济、社会和环境效益的综合优化与可持续发展。城市经营的目标，不仅要提供城市的生产、生活便利性、经济性；更要转向降低交易成本，广泛吸纳生产要素，完善市场机制，提高人文环境水平，以城市发展带动区域经济整体的发展，使城市成为整个区域经济的增长点。同时，城市经营还要从实物要素的单维度经营，转向物质资本与知识、信息、人才、文化、生态相结合的多维度经营方式，达到综合优化的目标。但少数城市在认识上存在误区：把城市经营的目标和作用单一化，只追求经济利益，而忽视城市的社会与环境效益；把经营城市混同于经营企业。其实经营城市与经营企业有着本质的区别：经营企业的理念是以最小的成本获取最大的利润，而城市经营的理念应当是以最小的市民负担获取最大的市民福利。

城市经营目标定位的偏差会造成城市建设中的重大失误。例如，某风景旅游城市急功近利、盲目追求商业利润，在列为世界自然遗产的风景区建造了许多破坏景观、污染环境的宾馆、商店，造成景区的脏、乱、差，结果被联合国教科文组织评为"濒危景区"，被"黄牌"警告。为了景区的可持续发展和城市的综合效益，该市政府不得不拆除大量本不该建造的房屋和设施，造成很大的经济损失，也使景区环境遭到了破坏。

3.1.4.2　城市经营的主要作用

城市经营的主要作用在于推进城市资产的保值、升值和增值，提升城市的经济实力，完善城市的多种功能，优化城市的生态环境，提高城市的品位，提高城市的综合竞争能力和知名度。

城市中的各类资产，由于不可避免的物理磨损和精神磨损，都会随着时过境迁而贬值。城市的资产要从贬值走向保值和升值，关键在于城市政府制定正确的经营策略。城市资产的升值，一般是指原有资产由于经营得法使内涵提升了价值量。例如，大连市 20 世纪 90 年代，把一块地价仅为 700 元/m² 的海边荒滩地，开发建设成具有商贸与文化活动功能的星海广场，使地价上升到 1 万元/m²。这块地皮的价值量很明显是通过内涵改造而提升了。城市资产的增值，一般是指由于资产数量的外延扩张而增加了价值量。许多城市新建了开发区，城市的经济总量迅速上升，就属于资产的增值。最突出的例子是上海开发浦东后，经济实力迅速增强，除了浦西的改建使原有的资产升值外，最主要的因素是浦东新区产生的增值。

实践表明，发挥城市经营作用的关键在于，与时俱进、因地制宜地制定符合本市特点的经营战略。例如，大连市经营城市的主要战略是：调整城市功能定位，从传统的工业城市提升为港口、贸易、旅游城市；整治环境改变城市面貌，面向市场，走向国际。从而完善了大连市的城市功能，优化了城市生态环境，扩大了城市的吸引力与辐射力，增强了城市的综合竞争能力和知名度。又如温州市，虽区位濒海，而资源贫乏，原有经济基础薄弱；但温州人素有敢冒风险、能吃苦、会经商的人文优势。温州市政府采取了因势利导，为发展民营企业提供宽松的空间、积极引导和优化服务的经营战略，促使温州市形成了专业鲜明的群体规模经济，高度发达的市场营销网络。其各种产品不断创新，具有很强的市场适应能力和较强的竞争力，因而在国内市场上有很高的占有率，在国际市场上的份额也日益扩大。温州开发的产品、温州的经济机制，形成了"温州模式"，温州并于 2002 年 12 月 7 日，*被联合国工业发展组织认定为"全球最具活力的城*

市"之一。

3.1.5　城市经营的领域

3.1.5.1　城市空间和城市功能载体是城市经营的重要领域

城市空间是指城市规划范围内的区位、地上、地下所形成的多维空间，每座城市都是在一定范围的空间中生存发展。城市空间中所拥有的自然生成资源——区位、土地、山丘、河流、森林等，都是城市经营的资本。城市功能载体是指在城市中具有某种使用价值的人力作用资产——道路、桥梁、房屋、车船等，用以满足城市生产与生活的物质需要和精神需求，也是城市经营的资本。

城市空间和城市功能载体在社会主义市场经济条件下，具有商品属性，在等价交换中实现其价值。城市中的自然生成资源和人力作用资产，如果不进入市场，不进行交换，就不是商品，只有使用价值，而未实现其交换价值。城市土地要转让其使用权，就作为商品，就有价格。以市场交换为目的的人力作用资产如住宅、写字楼，不仅有使用价值，而且具有商品的交换价值。城市中的许多功能载体，如道路、桥梁等，是供市民大众公用的，但不能无偿使用，也要进入市场，作为商品来经营。

3.1.5.2　城市无形资产的经营

城市资产是指城市在规划范围内各种资产的总和，按其形态分为有形资产与无形资产。有形资产系指城市中一切有形的实物，包括自然生成资源和人力作用资产。无形资产系指依附在有形资产上的无实物形态的资产，如开发权、使用权、经营权、冠名权、广告权、特色文化等。

随着社会主义市场机制的建立，我国许多城市不仅狠抓有形资产的开发、使用，推向市场运作，盘活存量资产，使城市的实力不断增强；同时，也很重视挖掘无形资产的潜力，充分发挥其商业价值的作用，使城市既得实惠又增光彩。

需要强调的是，在知识经济时代，知识对经济的发展、社会的进步所起的作用越来越突出。智力资源成为城市经营的重要无形资产，必须加大开发、利用和保护的力度。因此，在制定城市经营战略时必须认识到当代国与国之间的竞争，城市与城市之间的竞争，最重要的是人力资源——这种流动性很大的无形资产的竞争。

3.2　项目区分理论

随着古典经济学及公共部门理论的发展，人们对各类公共基础设施的可经营性、政府在公共投资领域的效率和角色定位进行了再思考，提出了各种公共行政改革的新理论和实践体系。其中项目区分理论是针对微观投资领域提出的政府与民间经济力量的划界和分类基准。从本质上而言，项目区分理论顺应了"小政府、大市场"的时代要求，倡导和推动的是政府决策的民主化、政府职能的市场化、政府行为的民主化。该理论的核心是严格区分经营性项目和非经营性项目，根据项目属性，确立投资主体、资金渠道、运作方式和管理模式；把经营性项目放入社会，吸纳多元投资，而政府只投资于非经营性项目建设，在财力不足进行举债时，建立长效举债建设机制，做到理性举债建设。这一理论的提出为进一步深化城市基础设施投融资体制改革提供了理论依据，是市场经济理论在我国城市建设领域的具体应用（见表3-1）。

表 3-1　项目区分与投资主体的界定

项目属性		可能的智慧城市建设项目	投资主体
经营性项目	纯经营性项目	热力发电设施、电力输送与分配、天然气生产与输送、供热生产与输送、制水设施、供水分配系统、供水终端设备、公共汽车及出租汽车客运、港口机场服务、通信网络与服务设施、废弃物收集、废弃物利用、收费公路与桥梁等	全社会投资
	准经营性项目	大型水力发电设施、供水管道、轨道交通、交通站台设施、码头车站、港口机场设施、废弃物处理、污水处理、城市公园、基本卫生设施等	政府投资，或政府提供补贴由社会投资
非经营性项目		消防人防设施、防洪排涝设施、绿地系统、城市道路桥梁（无收费机制）、排水设施、水库设施、交通信号设施等	政府投资

3.2.1　纯经营性项目

一般来说，纯经营性项目属于全社会投资范畴，其前提是这些项目必须符合城市发展规划和产业导向政策。投资主体可以是国有企业，也可以是民营企业，甚至是外资企业。通过公开、公平、公正的招投标，其融资、建设、管理以及运营均由投资方自行决策，权益也归投资方所有。但是在价格的制定上，政府应兼顾投资方的利益和公众的可承受能力，采取"企业报价，政府核价，公众议价"的定价方式，尽量做到投资方、政府、公众三方都满意。

一切可经营的城市基础设施，都可以对所有权和经营权实行有效分离，采取能卖则卖、能租则租、能抵押则抵押等办法把它们推向市场。通过转让所有权、经营权和收益权进行直接融资，从而最大限度地盘活存量、吸引增量，不断扩充城市建设的资金来源，走出一条以城建城、以城兴城的城建市场化之路，使城市建设资金逐步实现投资—回收—再投资的滚动发展的良性循环。纯经营性项目的运作模式，采取 BOT（Build-

Operate-Transfer，建设—经营—移交）、TOT（Transfer-Operate-Transfer，移交—经营—移交）和投标拍卖等方式较为合适。

3.2.2 准经营性项目

此类项目有收费机制和资金流入，也具有潜在的利润，但是因为政策和收费价格没有到位等客观因素，无法收回成本。此类项目附带部分公益性质，属于市场失效或低效的部分。由于它不具有明显的经济效益，市场运作的结果将不可避免地形成资金供给缺口，因此政府必须给予适当的补贴或政策优惠，以维持这些项目的运营，待其价格逐步到位之后，即可转变为纯经营性项目。

对于准经营性项目，可以采取市场运作和政府适当贴息或给予政策优惠两种方式经营，市场运作所占比重可因项目不同而有所差异，待其价格逐步到位且条件成熟之后，这些准经营性项目即可转化为纯经营性项目。

3.2.3 非经营性项目

此类项目既无收费机制，也无资金流入，属于市场失效而政府有效的部分，其目的是为了获取社会效益和环境效益，而非经济效益，因此这类项目的投资也就只能由代表公共利益的政府来承担。

非经营性项目的投资应该由政府承担，按照政府的投资运作模式进行。资金来源应以财政投入为主，并配以固定的税收或收费加以保障，其权益也归政府所有。但是在投资的运作过程中，也要引入竞争机制，采取代建制等方式进行专业化管理，力求提高投资决策的科学性和规范性，从而提高投资效益。

项目的市场价格由项目市场价值决定，这是城市基础设施项目价格形成的主要依据。基础设施项目的上述划分不是绝对的，在一定条件下它们可以相互转化。如，高速公路不收费时是非经营性项目，收取一定过路费用后就变成了准经营性项目，当过路费提高到足以使该项目的投资回报率高于或者等于社会平均投资回报率时，它就成了纯经营性项目。原属纯经营性项目的风景名胜区一旦降低门票价格，就会变成准经营性项目，取消门票后就成了非经营性项目。根据以上分析，可将不同经营属性的城市基础设施项目的投资主体界定。

3.3　公共经济理论

根据公共经济理论，社会产品根据其在消费上是否存在竞争性，在供应上是否存在排他性，以及这种物品是否具有外部利益等特征，可以划分为公共物品、私人物品和准公共物品三种基本类型（见表3-2）。

表3-2　公共物品、私人物品、准公共物品的基本特征及供应方式

分　类	基本特征	供应方式	实　例
公共物品	公共消费；具有外部利益，供应不易排除	政府投资；政府提供	国防设施、敞开式公路等
私人物品	单独消费；没有外部利益，供应易于排除	市场提供；向消费者直接收费	食品、服装、汽车等
准公共物品	单独消费；具有外部利益，供应易于排除	政府提供或由政府资助；市场提供；政府投资或直接收费	学校、医院、收费高速公路等

3.3.1　公共物品

公共物品是公众共同受益，消费过程中具有非竞争性和非排他性的产品。如美国经济学家保罗·A·萨缪尔森（Panl·A·Samuelson）所定义的那样，纯粹的公共物品是指这样的物品，即每个人对这种物品的消费不会导致别人对该物品消费的减少。公共物品通常具有如下特征：效用的不

可分割性、消费的非排他性（Non-excludability）、消费的非竞争性（Non-rivalners）。

3.3.2　私人物品

与公共物品相反，消费上既具有排他性又具有竞争性的产品称为私人物品。市场机制可以有效地解决私人物品的供给问题。对于一种纯粹的私人物品或劳务来说，其供应量等于各消费者消费数量的总和。这意味着私人物品或劳务是可以在消费者之间进行分割的。由此可知，私人物品具有两个特点：第一，产品消费的排他性。私人物品由某人使用就不能由其他人使用。第二，产品供应的排他性。对产品提供者来说，私人物品在供应上能够区别对待，只对支付价款者供应，而把不支付价款者排除在外。因此，私人物品可以用市场机制来配置资源，组织生产。

3.3.3　准公共物品

准公共物品，是在公共物品性质上有不同程度的弱化的产品。由于现实经济中产品的具体属性很复杂，实际上还有不少物品介于公共物品和私人物品之间，对此可以称作"准公共物品"。这种物品一方面由使用者单独享受利益，可以在使用者之间划分所得到的利益；另一方面供应上能够实行排除原则，把不付价款者排除在外。例如，卫生防疫、城市供水、供热、供电、邮政通信等城市基础设施。由于准公共物品具有广泛的外在利益，所以需要政府提供；但由于准公共物品又具有排他性或竞争性，因此也可以由政府资助、市场提供，以扩大这种物品的供给。为生产服务的大多数基础设施属于准公共物品。正因为如此，在这类公共物品的提供方面，有较大的政府提供和企业提供的选择空间。

第 4 章　智慧城市建设运营模式分析

在数据资产运营日益成为行业成长驱动，国家大力提倡政府购买服务、促进信息消费的前提下，2014 年 8 月国务院八部委联合推出《关于促进智慧城市健康发展的指导意见》，业界对智慧城市建设的方式产生积极显著变化，智慧城市建设正在由传统的工程模式向建设运营模式转变。本章对适合智慧城市的建设运营模式进行归纳分析，并给出选择决策参数和模型。

4.1　建设运营模式综述

4.1.1　政府主导，企业参与

虽然传统的建设模式正在转变，但是对于公益性比较强、涉密程度较高的项目，譬如城市政府信息资源融合服务平台、智慧公安中的涉密项目等，不适合也不方便由企业来主导。因此该类项目适合由政府主导投资，企业参与建设，建成后由政府负责运营维护，保证数据安全。该模式可细分为以下几种。

4.1.1.1　政府投资政府运营

（1）模式介绍

政府投资政府运营，指政府自己投资建设项目，建成后政府自己管理运营。政府投资政府运营模式可以采用代建制管理方式，即政府通过招标，选择专业化的项目管理单位（代建单位），由其负责项目的投资管理和建设的组织实施工作，项目建成后交付使用单位（政府）。国务院于2004年7月19日印发的《关于投资体制改革的决定》对代建制管理方式的含义进行了具体表述："对非经营性政府投资项目加快推行代建制，即通过招标等方式，选择专业化的项目管理单位负责建设实施，严格控制项目投资、质量和工期，竣工验收后移交给使用单位。"代建制管理即代理建设管理，是通过委托—代理关系的确立，由代理方对建设项目进行全程管理的一种方式。

（2）主要特征

1）业务管理专业化

代建人的管理职能本来是由建设方自己承担的，按传统模式建设方要建立工程指挥部、筹建处等管理班子。这些管理班子最大的特征就是临时性，机构是临时的，人员也是临时的。由于这种临时性质，导致一方面无法积累专业管理经验，另一方面也很难保证人员的专业管理素质，最终也就很难保证管理质量。而实行代建制，其中的代建人都是由专业化管理公司担任，其机构、人员设置稳定，管理人员的专业化水平高，在常年的专业化管理中也容易积累经验。

2）组织管理规范化

由于代建人是公司法人，是依靠管理费收入来取得收益并生存发展的，这就增加了代建人的压力，促使其提高管理水平，建立起一套较完整的管理体系，其具体表现就是组织管理更规范化。

（3）使用条件

代建制的实施的主要是针对我国政府投资的工程项目。而政府投资工程是指政府财政的投资、发行国债或地方财政债券，利用外国政府赠款以及国家财政担保的国内外金融组织的贷款等方式独资或合资兴建的固定资产投资项目。政府投资工程按照建设项目的性质可分为经营性和非经营性两种，前者如铁路、水利、电力工程，后者指非营利性的公益性项目，如政府投资的医院、学校等。目前，部分省市进行的政府投资工程管理方式改革，主要指的是非营利性的政府投资工程。

（4）限制及不足

从目前全国各地区出台的有关政府项目投资代建制管理暂行办法看，没有达到统一的标准，在代建人的选择上，无法实现优中选优、公平竞争的基本原则。原因就在于建设方选择代建人的范围十分有限，一般都是在本系统或本地区范围指定。造成这一情况的原因：

首先，是由现有的投资体制造成的。目前，公共类工程设施建设，仍以政府财力投资为主，并且这一投资体制是按条（各系统）或块（各区县）来落实的。在实行代建制建设时，建设方无不都选择本条或本块内的队伍来担任代建人，且建设方与代建人本身就是上下级关系，是领导与被领导关系。已有的一些被授予代建资质的公司，原本是一些局的基建处，"翻牌"后成为代建公司，由这些局落实管理的工程，基本上就指定这些公司代建了。

其次，是由一些工程仓促上马的现状造成的。目前，相当一部分将建或在建的工程上马时都较仓促，前期准备不够，预见性不强，建设过程中的变更相当频繁，从而导致事先无法明确具体的委托事项和要求。在这种情况下，建设方必定选择一个能够完全受其控制的代建人，以摆脱委托合同的约束。

再次，是由现有的代建市场不够发达造成的。工程施工队伍的选择可以根据造价、技术能力、设备能力等看得见、摸得着等硬件来评判，而代建人的选择主要是依其管理能力和可信赖度等软件来评判，而这又不太容易掌握。加之代建制实施时间不长、市场培育不够、信息不畅，委托人只能选择自己熟悉的队伍，范围非常狭窄。这一问题如不解决，将阻碍代建制的健康发展。一是不利于代建制市场的建立。缺乏公平竞争，就可能会保护落后，扼制工程管理的专业化和规范化水平的提高，使代建制长期在低水平徘徊。二是不利于监督制约机制的建立。如果委托人与被委托人之间的法律地位不平等，就会使委托代理异化，代建中的监督制约弱化。

（5）应用建议

政府管理部门应主导代建制的发展，建立起一整套的管理制度。具体而言应包括如下一些制度：

1）市场准入制

对代建企业应该设置一定的"门槛"，以保证代建质量。这些"门槛"一般应包括：注册资金，以证明其承担风险的能力；技术力量，以证明其管理能力；代建记录，以证明其实际能力。同时，根据代建企业的相关数据确定其资质等级。

2）招投标制

对代建企业的选择应采用招投标制。这些制度应包括：强制性规定，对于由政府财力，或主要由政府财力，或由政府担保建设的工程，以及市政公共设施建设工程，强制性规定必须实行"代建制"，并通过招投标选择代建人；禁止性规定，参与投标的代建人，必须与招标人，以及以后的工程承包商、材料供应商等没有任何资产和人事方面的牵连；平台设置，可以共用现有的建设工程招投标平台，但其评标方法等应根据代建特点重新设定。

3）信用记录制

代建的特点决定了代建人的诚信度的重要性，建立代建人的信用记录，有利于政府管理，也有利于对建设方的选择。记录内容应包括：已代建项目状况，主要内容有工程规模和数量、质量评定、审计结论等；不良记录，包括是否有被各种处罚的记录。

4）行业管理制

随着政府职能转变、国企改革和代建市场的发展，代建企业必将走向行业管理的道路，在代建制发展的初期就未雨绸缪，建立起行业管理制度，不但能使代建制健康发展，还可以带动整个建设领域的行业管理。

4.1.1.2　政府融资政府运营类

该类项目运营模式是政府融资建设，并且项目建成后也是由政府来运营，包括 BT、BLT 模式。

（1）BT 模式

1）模式介绍

① 模式内涵。

BT（Build-Transfer）即建设—移交，是政府利用非政府资金来进行基础非经营性设施建设项目的一种融资模式。BT 模式是 BOT 模式的一种变换形式，指一个项目的运作通过项目公司总承包，融资、建设验收合格后移交给业主，业主向投资方支付项目总投资加上合理回报的过程。

目前采用 BT 模式筹集建设资金成了项目融资的一种新模式。该模式可以实现投资多元化、利益共享、风险共担，不但能有效地减缓政府财政压力，而且由于其机制新、管理活、权责明确，比传统的政府单独投资建设模式更为高效。

② 模式运作过程。

项目的确定阶段：政府对项目立项，完成项目建设书、可行性研究、筹划报批等工作。

项目的前期准备阶段：政府确定融资模式、贷款金额的时间及数量上的要求、偿还资金的计划安排等工作。

项目的合同确定阶段：政府确定投资方，谈判商定双方的权利与义务等工作。

项目的建设阶段：政府在 BT 投资全过程中行使监管，保证 BT 投资项目的顺利融资、建设、移交。参与各方按 BT 合同要求，行使权利，履行义务。

项目的移交阶段：竣工验收合格、合同期满，投资方有偿移交给政府，政府按约定总价，按比例分期偿还投资方的融资和建设费用。

其融资模式见图 4-1：

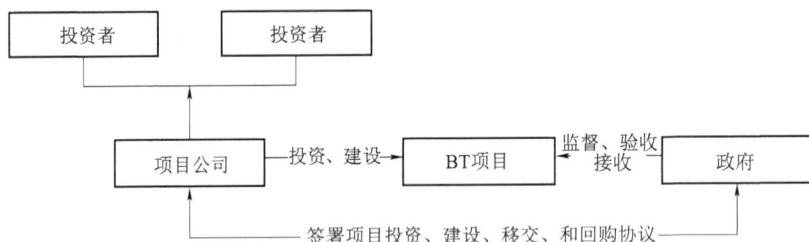

图 4-1　BT 融资模式结构图

2）主要特征

发展 BT 模式使产业资本和金融资本全新对接，形成了一种新的融资格局，既为政府提供了一种解决基础设施建设项目资金周转困难的融资的新模式，又为投资方提供了新的利润分配体系的追求目标，为剩余价值找到了新的投资途径，BT 模式使银行或其他金融机构获得了稳定的融资贷款利息，分享了项目收益。发展 BT 模式的意义主要有如下几个方面：

① 扩大内需，提供资金利用率。

通过 BT，使未来的财政性收入即期化，扩大内需，拉动地方经济增长；而通过吸引社会资本的加入，引导了民间资本的合理投向，提高了资本利用效率。

② 缓解财政资金短缺。

BT 模式能缓解当地政府财政性资金的暂时短缺，因为政府项目的公共品特性以及资金需求量大、回收期长等特点，使得必须由财政性资金建设的项目必然出现财政资金供应的暂时缺口，BT 模式的分期回购正是弥补财政资金供给缺口的有效方式。

③ 优化资源配置，合理分散风险。

BT 项目投资巨大，建设周期长，引入社会资本，多方共同承担风险，获取收益。BT 模式倡导风险和收益在政府与投资方之间公平分担与共享，追求安全合理的利润，强调各参与方发挥各自优势的主观能动性。提高了各方对项目抗政治风险、金融风险、债务风险的分析、识别、评价及转移能力。

④ 完善政府融资体制。

BT 模式有利于积极推进政府融资体制改革的深化，要求政府完善偿债机制，建立专项偿债发展基金，健全国有资产运作机制，重新整合各类资产，特别是特许经营管理的项目；BT 模式不仅获取了较大的投资效益，还提高了项目管理的效率，增强了投资方的人文技能、管理水平及参与市场的竞争能力，积累了 BT 模式融资的经验，增加了施工业绩，为以后打入融资建设市场创造了条件；BT 模式扩大了资金来源，使项目顺利建设移交给政府，推进了当地经济的可持续发展，提高了经济效益和社会效益，为其他行业的融资树立了典范。

⑤ 融资模式多元化。

积极推进融资模式的多元化发展，大胆破解资金要素制约途径，合理利用、发展 BT 模式的渠道优势并对其进行嫁接，方能凸显其优势，才能更好地开拓融资的新渠道，加快中国公共设施建设的步伐。

3）使用条件

① BT 模式仅适用于政府主导的、非经营性项目的市政和共用基础设施建设领域，项目本身需要较高的技术和建设管理水平，而政府必须借助于专业的发展商进行项目开发建设，并且有充分的财力在项目建成后就进行回购。

② 政府利用的资金是非政府资金，是通过投资方融资的资金，融资的资金可以是银行的，也可以是其他金融机构或私有的，可以是内资，也可以是外资。

③ 政府利用强大的资信能力，为投资者、金融机构、工程承包公司等提供了稳定可靠的收益预期。

④ 投资方在移交时不存在投资方在建成后进行经营，获取经营收入的问题。

4）限制及不足

① 法律制度的缺失。

目前没有关于 BT 或 BOT 的法律，也没有可供参考的合同文本，BT 模式中涉及的回购协议和融资担保也没有法律条款支持。BT 合同中双方的责、权、利界定不明确、不具体，易产生合同纠纷，BT 合同需要双方一致履行。

② 政府缺乏完善的偿债机制、信用机制。

没有相应的法规规范政府的行为，政府对投资方做出的承诺很难在现实中实现，资金回收缓慢；合理的回报率不易确定，在满足投资方获得合理回报的同时，不能损害国家利益。

③ 建设期中的产权界定模糊。

业主和 BT 方签订合同之中有一个"回购协议"，即项目移交是属于回购的性质，因此在签订合同后项目移交之前的这段时间内，项目产权属于 BT 方还是属于业主方难以界定。

④ 项目活动前期准备时间长，消耗大。

BT 模式前期准备工作时间较长，花费较大，成本较高。BT 项目大多没有先例可循，项目的发起人（BT 方）和政府机构要花相当长的时间相互阐明各自的意愿。其中在如何分担项目中的风险问题上，往往双方在谈判中难以达成统一。

⑤ 涉及环节多，成本高。

BT 模式的项目准备、招标、谈判、签署与 BT 有关的建设合同、移交、回购等阶段，涉及政府的许可、审批以及贷款担保等诸多环节，操作的难度大，人为障碍多，融资成本也会因中间环节增多而急剧上升。

⑥ 项目相关方多，协调沟通难度大。

在 BT 模式中，涉及的项目相关方很多，很多参建方均出于个体利益考虑而损害项目整体。如 BT 方在保证质量的前提下希望施工承包方的报价尽可能低，而施工承包方则要保证自身的最低盈利标准，而采取相应有损 BT 方的策略。

⑦ 融资监管难度大，资金风险大。

目前我国尚没有相应的 BT 模式方面的法律法规，而 BT 模式中法律关系、合同关系的特殊性和复杂性，导致融资监管难度大。例如银行是以政府或政府机构的全额付款保证作为担保，而不是 BT 方出具抵押作为担保，未来的责任主体难以界定。

⑧ 分包现象严重，质量难以得到保证。

由于业主只直接与 BT 方发生业务关系，项目的落实可能被细化，导致项目分包现象严重；BT 方出于自身利益的考虑，在项目的建设标准、变更以及施工进度等方面存在问题，使得项目质量得不到应有的保证；业主方聘请的专业咨询公司也可能存在道德风险而没有起到实质性的作用。

⑨ 缺乏专门人才，融资成本增加。

政府缺乏实施 BT 模式的专门人才，委托咨询中介公司或投资公司势必增加融资成本。

⑩ 应用前提缺失，政策风险加大。

BT 项目建立的前提是未来政府财政收入的真实增长，而地方政府的财政收入的增长无法支撑 BT 项目时，BT 项目属于盲目扩张固定资产投资规模的行为，扰乱国家的宏观建设环境，同时极大损害投资人的经济利益，破坏市场秩序和市场环境。太平洋建设集团就利用这一点，在政府或政府机构无力支付时乘机收购当地的国有企业，导致国有资产流失，未来 BT 模式可能受到政策钳制，这也加大了 BT 模式的政策风险。

5）应用建议

① 完善 BT 运行机制。

政府 BT 投资建设项目在由计划经济向市场经济转轨的过程中，仍不同程度地存在着一部分项目管理在政府有关部门内封闭运作，有时甚至出现违反建设程序的操作。在具体项目的建设实施过程中，也不同程度地存在着对项目功能与方案审核不力、政企不分、专业技术人员缺乏、管理粗放、地方垄断和地方保护、缺乏竞争，甚至出现"寻租"腐败等问题。实际上，人们很容易发现，一些地方政府的 BT 项目，明显没有按照已有的招投标和政府特许经营的有关法规和政策办理。因此完善 BT 运行机制已经成了当务之急。

② 强化政府对 BT 项目的监督。

• 核实投资人所融资金的来源，降低资金成本。

• 合理确定资金的需要量，防止筹资不足或过剩，提高资金的使用效率。

- 适当维持自有资金的比例，合理安排负债，尽量减少融资前期工作的经济支出。

- 政府是国家的行政管理机关，在法律上不便与投资方形成经济合同关系，政府可组建一个项目法人或委托下属单位或委托咨询中介公司，代表政府行使业主的权利、履行业主的义务。

- 政府在招标确定投资方时，应严格审查投资方的施工资质，投资方可以为一方，也可为联合体；更要严格审查投资方的融资能力与经济实力，例如，投资方的银行信用等级、财务状况，等等。

- 采用 FIDIC 合同条款签订 BT 合同，规范双方的行为，明确双方的权利和义务。

- 政府在邀请投标前，对施工总承包商进行有侧重点的资格预审。作为投资人的施工总承包商要在规定的期限内用自己的资金将项目建成，必须具有较强的经济实力和融资能力。因此在资格预审中，要特别对投标人的财务状况、银行的资信等级、银行的授信额度等方面的内容实行严格审查，必要时，还应当到该企业或者相关部门、相关银行进行考察。

- 政府对投资人的资本金注资过程进行监管。以合同价作为项目的总投资额，投资人以自有资金投入作为项目公司的注册资本金。按照国际BOT/BT 项目惯例，项目公司的注册资金一般为项目总投资的 35%，可根据项目总体融资规划一次或分次注入。政府监督投资人使其每期注资必须在规定的时间之内足额到位。

- 政府对 BT 项目公司融资进行监管。投资人可以用政府出具的股权回购函向贷款银行以质押方式进行融资。达成融资协议后，BT 项目公司及贷款银行必须持融资合同正本向政府登记备案后方为有效。监督 BT 项目公司防止融资所获资金用于其他用途，或就已设立质押的内容重复融资。

● 招标人对于 BT 项目公司的日常资金运用进行监管。要求 BT 项目公司在银行设立工程建设资金专户，并接受政府监管。在项目建设过程中，其专户存款须确保工程款的及时支付，不用于与 BT 工程无关的其他任何经济活动。检查监督资金到位和使用情况，要求 BT 项目公司须按月向政府授权机构提供银行账单等相关资料。为了防止拖欠工程相关单位的工程进度款，BT 项目公司须按月向政府授权机构就工程进度款的支付情况做出说明。

③ 建立 BT 应对风险机制，确定风险种类，拟定相应的风险回避对策。

（2）BLT

1）模式介绍

BLT（Build-Lease-Transfer）即建设—租赁—移交，是指政府出让项目建设权，在项目运营期内政府成为项目的租赁人，私营部门成为项目的承租人，租赁期满结束后，所有资产再移交给政府公共部门的一种融资方式。

2）主要特征

① 政府利用的资金是非政府资金，是通过投资方融资的资金，融资的资金可以是银行的，也可以是其他金融机构或私有的，可以是内资也可以是外资。

② 政府利用强大的资信能力，为投资者、金融机构、工程承包公司等提供了稳定可靠的收益预期。

③ BLT 模式仅是一种新的投资融资模式，BLT 模式的重点是建设阶段。

④ 投资方在移交时不存在建成后进行经营，获取经营收入的情况。

⑤ 政府按合同分期向投资方支付合同的约定总价。

3）使用条件

BLT 模式仅适用于政府基础设施非经营性项目建设，项目本身需要较高的技术和建设管理水平，而政府必须借助于专业的发展商进行项目开发建设，但又没有充分的财力在项目建成后就进行回购，因此不得不采取租赁的方式。

（3）发行国内债券

债券是债务人为筹集资金而发行的，承诺按期向债权人支付利息和偿还本金的一种融资方式。除国家发行的国库券外，企业或项目实体为项目建设和经营发展而向公众发行的债券称为企业债券。虽然目前发行企业债券的数额受到控制，总量也不大，尚处于试验阶段，但必定会逐步成为企业或项目实体筹集中长期资金的重要方式。企业债券有固定和浮动利率债券之分，我国企业债券通常为固定利率债券。期限也有长短之分，一年以下的称为企业短期融资券。企业债券按有无担保来分类，又可分为有担保债券和无担保债券。有担保债券是指有指定财产做担保的债券，按担保品的不同又可细分为不动产抵押、动产抵押和信托抵押债券等。抵押债券因为有企业财产作为还款的保证，债权人的倒账风险相对较小，故债券利率比无担保债券低。无担保债券又称信用债券，是无任何担保，只凭企业的信誉发行的债券，通常只有信誉高的大企业才能发行这种债券。企业债券发行时一般由投资银行等金融中介机构承购包销。它们帮助企业或项目实体确定发行规模、发行价格、发行方式及发行费用，并把债券推销给投资者。企业债券的等级对发行者和投资者都十分重要，它是债券倒账风险的衡量指标。债券等级越高，其债务的偿还越有保证，因而风险越小，其债券利率越低，筹资成本也越低。故企业或项目实体应力争评上较高的等级，在这种条件下发行债券，对企业或项目实体最有利。

专项系统所需资金可通过在国内发行债券的方式进行融资，在实施过程中通过盈利进行偿还。

4.1.2 政府引导，市场化运作

智慧城市项目建设中，对于规模较小、可经营性较强、企业愿意积极参与的项目，例如热点（火车站、机场、商场、公交车、医院等）WiFi、社区服务微信交流互动平台等，可采用政府引导的方式，交由市场建设运营，根据项目运作效果，给予奖励补助。这样，一方面节约政府的财力物力，更减少了大量的维护费用；另一方面，提高了市场参与城市建设的热情，并推动信息产业的发展，还可以为居民提供更优质的服务。

该类项目运营模式是政府融资建设，并且项目建成后由企业来运营，包括 BOT、BOO、BOOT 模式。

（1）BOT 模式

1）模式介绍

BOT（Build—Operate—Transfer）即建设—经营—转让，是指政府通过契约授予企业（包括外国企业）以一定期限的特许专营权，许可其融资建设和经营特定的公用基础设施，并准许其通过向用户收取费用或出售产品以清偿贷款、回收投资并赚取利润。特许权期满时，该基础设施无偿移交给政府。

BOT 建设运营模式的核心内容在于项目公司对特定基础设施项目特许专营权的获得，以及特许专营权具体内容的确定。BOT 融资模式的结构见图 4-2。

2）主要特征

① 通常采用 BOT 模式进行的基础设施建设项目包括道路、桥梁、隧道、铁路、地铁、水利、发电厂和水厂等。

② 可减少项目对政府财政预算的影响，使政府能在自有资金不足的情

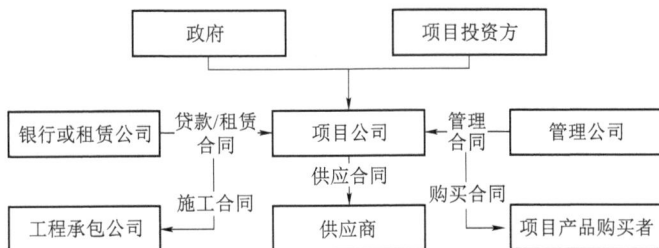

图 4-2　BOT 项目融资结构图

况下，仍能上马一些基建项目。政府可以集中资源，对那些不被投资者看好但又对地方政府有重大战略意义的项目进行投资。BOT 融资不构成政府外债，可以提高政府的信用，政府也不必为偿还债务而苦恼。

③ 有利于转移和降低风险。能减少政府的直接财政负担，减轻政府的借款负债义务，所有的项目融资负债责任都被转移给项目发起人，政府无须保证或承诺支付项目的借款，从而也不会影响东道国和发起人为其他项目融资的信用，避免政府的债务风险。政府为鼓励投资者投资基础设施建设，一般对 BOT 项目提供行政、法律、经济上的支持，这就减少了项目承办方的风险。另外，项目的境外投资者会向跨国保险公司投保，有了这种复杂的相互担保、保险和抵押关系，项目风险就会被有效地分散。

④ 有利于提高项目的运作效率。把企业中的高效率引入公用项目，可以极大提高项目建设质量并加快项目建设进度。

⑤ 改进技术和管理，满足社会需求。吸引外国投资并引进国外的先进技术和管理方法，对地方的经济发展会产生积极的影响，可以提前满足社会和公众的需求。

⑥ BOT 项目通常都由外国的公司来承包，这会给项目所在国带来先进的技术和管理经验，既给本国的承包商带来较多的发展机会，也促进了国际经济的融合。

⑦ BOT 能够保持市场机制发挥作用。BOT 项目的大部分经济行为都在市场上进行，政府以招标方式确定项目公司的做法本身也包含了竞争机制。作为可靠的市场主体的私人机构是 BOT 模式的行为主体，在特许期内对所建工程项目具有完备的产权。这样，承担 BOT 项目的私人机构在 BOT 项目的实施过程中的行为完全符合经济人假设。

⑧ BOT 为政府干预提供了有效的途径。这就是和私人机构达成的有关 BOT 的协议。尽管 BOT 协议的执行全部由项目公司负责，但政府自始至终都拥有对该项目的控制权。在立项、招标、谈判三个阶段，政府的意愿起着决定性的作用。在履约阶段，政府又具有监督检查的权力，项目经营中价格的制定也受到政府的约束，政府还可以通过通用的 BOT 法来约束 BOT 项目公司的行为。

⑨ 融资方式灵活。BOT 项目的贷款方在决定是否贷款时，通常主要考虑项目本身的收益前景，而不是项目公司当时的信用能力。故 BOT 融资方式不受项目公司现有资产规模的限制，比其他融资方式更加灵活。在该方式下银行贷款通常没有追索权，或者即使有也只是有限的追索权，也只适用于项目本身的资产和收益，因此，也不影响该项目实体从其他方面进一步借款的能力。随着我国专业银行的转变及市场经济体制的进一步健全，BOT 融资方式的"资产负债表外融资"的优点将逐步显现出来。

⑩ 减少不正当竞争的可能性。通过 BOT 项目招标，中标者成为项目业主，承包商一般必须带资承包。这同政府直接投资相比，从两个方面减少了不正当竞争的可能性：一是没有既得利益可维持或分配，政府提供的只有业主投资的特许权，承包商的利益必须通过特许经营期内的有效运营才能实现。二是当业主是合伙人时，由于业主的目标是运营期利润的最大化，故承包商很难在业主身上打开缺口。

3）使用条件

因为运输网关系到国家的交通命脉，政府通常不愿将运输网的所有权转交给私人，所以对于运输项目，如收费公路、收费桥梁、铁路等，都是采用 BOT 方式。在动力生产项目方面，如水利、发电厂，以及关系社会民生的项目如水厂等，这些都涉及社会群体的利益，政府也不愿意将使用权交给私人，因此该类项目也通常采用 BOT 模式。电力的分配和输送、天然气以及石油类行业通常被认为是关系到国计民生，因此，建设这类设施一般都采用 BOT 或 BOOT 方式。

4）限制及不足

BOT 作为一种适合基础设施建设的新型融资方式，对亟待发展的我国基础设施建设而言，具有特殊的意义。在我国基础设施建设中运用 BOT 融资方式，不仅存在必要性，而且存在可能性。但由于其操作的相对复杂性，以及相关经验不足、人才缺乏、投资环境不够成熟等原因，BOT 方式目前在我国基础设施建设中，还未发挥其应有的作用。从目前情况来看，对 BOT 项目的认识和实践经验都显得不足，存在的问题主要有：人们的认识问题、法律和投资环境不健全的问题、管理体制的问题、价格体制的问题和外汇问题、风险问题等。

① 人们的认识问题。

BOT 对于正处于经济体制转轨过程中的中国来说是一个新生事物，对它还需要一个熟悉、认识、探索、提高的过程。人们思想观念的不适应主要表现在以下方面：a. 对在中国基础设施建设中运用 BOT 还存在疑虑，有人担心 BOT 的运用会导致国家对基础设施项目控制权的丧失，还有人担心把基础设施给私人投资建设和经营会带来一些敏感的社会问题，如项目使用费用老百姓是否能承受等。b. 对项目融资的复杂性认识不足，有些人不熟悉其具体内容和操作规范的要领，认为谈判既费时又费力，还要给项目一定的担保和政策优惠，不如传统的贷款或拨款省心，因此对 BOT 兴趣不大。c. 由于以往基础设施大多由财政拨款或国家贷款来进行建设，所以，设施的使用费用很低，甚至不收取费用，老百姓已经习惯了免费使用很多基础设施，而采用 BOT 方式筹建的项目为替项目公司收回投资，并赚取一定利润，必须收取一定的使用费用，老百姓可能接受不了，因此，他们对这个问题的认识也是影响 BOT 融资方式在我国健康发展的一大障碍。

② 法律和投资环境不健全。

改革开放以来，我国已制定和颁布了 200 多个涉及外商投资的法律和法规，建立了一定的符合国际惯例的投资环境。然而到目前为止，我国颁布的法律、法规在许多具体问题上与国际惯例还有一定的距离，如《中华人民共和国担保法》规定，政府部门不得为项目提供任何形式的保证，而在 BOT 这种特殊的融资方式中，一般都要求东道国政府或机构对项目的融资给予一定的担保和必要的政策支持。而且，由于司法部门在法律上执行力量不足和经验欠缺，使得在经济诉讼方面的法律背景尚不够成熟；又由于政府部门某些官僚作风和多头管理，办事效率低下，甚至项目审批主管部门的有关规定之间不衔接或有冲突，导致在项目实施过程中因审批等工作进程的缓慢而进一步增加建设费用，这也在一定程度上影响了外商在中国投资的积极性和信心。

③ 管理体制问题。

在 BOT 项目中政府需要一改过去建设项目完全由自身负责、资金调拨、风险自担的局面和压力环境，而将项目建设的特许权交由私人负责，但这并不意味着政府可以撒手不管。相反，项目融资多用于涉及国计民生的基础设施项目，比其他一般项目更需要政府发挥宏观调控和管理的作用。目前有部分由私人承建或经营的公路路段，由于缺乏政府宏观管理，导致收费站设置很不合理的现象较普遍。

④ 价格体制问题。

由于 BOT 项目是自筹资金、自行建设、自主管理、自我偿还的一种建设运营管理方式，因此，其产品和服务的定价往往要比在计划经济模式下的价格要高，但由于基础设施项目一般具有垄断性，其价格的高低直接影响到整个国民经济能否健康正常运行，因此，一方面需要政府合理控制项目公司的利润，限制项目产品的价格，另一方面，正因为有关国计民生的基础设施项目收费标准的行政干预成分较大，使外商对项目未来的投资回报率难以预测，也导致外商不敢放心大胆地投资 BOT 项目。

⑤ 外汇问题。

运用 BOT 的基础设施项目，一般不可能有外汇收入或者只有少量外汇收入，其所得的利润绝大部分是以人民币结算的，所以必须兑换成外汇汇往国外，由于我国的人民币目前尚未实行与国际货币的自由兑换，外汇风险明显存在，并且一般项目的特许期长达 20~30 年，资金回收期较长，外商对人民币的信心不足。随着外汇体制的改革，人民币将逐步成为可自由兑换货币。项目的投资者为了摆脱汇率风险，往往会以苛刻的回报条件、回报率和回收期限来冲抵外汇风险。因此，汇率问题始终是贯穿 BOT 外汇融资中的难题。

⑥ BOT 项目中的风险。

BOT 项目投资大，期限长，且条件差异较大，常常无例可循，所以 BOT 的风险较大。风险的规避和分担也就成为 BOT 项目的重要内容。BOT 项目整个过程中可能出现的风险有五种类型：政治风险、市场风险、技术风险、融资风险和不可抵抗的外力风险。

• 政治风险。政局不稳定、社会不安定会给 BOT 项目带来政治风险，这种风险是跨国投资的 BOT 项目公司特别要考虑的。投资人承担的政治风险随项目期限的延长而相应递增，而对于本国的投资人而言，则较少考虑该风险因素。

● 市场风险。在 BOT 项目长期的特许期中，供求关系变化和价格变化时有发生。在 BOT 项目收回全部投资以前，市场上有可能出现更廉价的竞争产品，或更受大众欢迎的替代产品，以致对该 BOT 项目的产出的需求大大降低，此谓市场风险。通常 BOT 项目投资大都期限长，又有政府的协助和特许，所以具有垄断性，但不能排除由于技术进步等原因带来的市场风险。此外，在原材料市场上可能会由于原材料涨价导致工程超支，这是另一种市场风险。

● 技术风险。在 BOT 项目进行过程中，由于制度上的细节问题安排不当带来的风险，称为技术风险。这种风险的一种表现是延期，工程延期将直接缩短工程经营期，减少工程回报，严重的有可能导致项目的放弃。另一种情况是工程缺陷，指施工建设过程中的遗留问题。该类风险可以通过制度安排上的技术性处理减少其发生的可能性。

● 融资风险。由汇率、利率和通货膨胀率的预期外的变化带来的风险，是融资风险。若发生了比预期高的通货膨胀，则 BOT 项目预定的价格（在预期价格已约定的情况下）则会偏低；如果利率升高，造成高的负债率，则 BOT 项目的融资成本大大增加。由于 BOT 常用于跨国投资，汇率的变化或兑现的困难也会给项目带来风险。

● 不可抗拒的外力风险。BOT 项目和其他许多项目一样要承担地震、火灾、江水和暴雨等不可抵抗而又难以预计的外力的风险。

5）应用建议

我国在 BOT 模式中吸引私营部门参与基础设施建设应积极采取以下对策。

① 尽可能开辟各种融资渠道。

我国应采取以外资为主、内资为辅的政策，在利用外资的同时积极培育国内资本市场，为我国基础设施建设的长远发展培养融资能力。在国际市场上应采取措施，吸引跨国商业银行贷款、争取国际金融机构的投资援助，以及通过在国际资本市场上发行债券和股票的方式，来为基础设施筹资。

② 制定相应政策鼓励国内民营资本参与 BOT 项目投资。

民营企业、个体私营企业投资固定资产已经有了一定的规模，投资的欲望比较强烈，而且具有巨大的资金源，应通过政策措施加快实行国民待遇，通过项目建设和引导投资的多种办法，把这部分资金引入基础设施建设领域。首先，政府要拿出有投资价值的项目来给民间私人投资建设。其次，要尽量降低其建设经营风险，政府可以用合约形式保证投资者在特许期内收回投资，并取得高于银行贷款利息的利润，让利于民是 BOT 项目成功的关键。再次，政府以一定比例的投资参与 BOT 项目，也是吸引民间资金的一种有效途径。最后，鼓励和引导那些单独承担某个投资额巨大的项目建设有困难的民营企业组成联合体，或成立股份公司、设立投资基金等，进行 BOT 项目投资。

③ 政府加强在 BOT 项目融资中的主导地位。

首先，政府要加强宣传力度，使各部门及社会各界对 BOT 形式参与基础设施建设有一个完整的认识，从而为项目融资提供较好的外部环境。其次，政府应强化统一规划基础设施建设项目的责任，企业的投资建设和经营要由政府授权和委托，并接受政府的监督。再次，骨干的基础设施要由政府投资建设和控股经营。

④ 加快创造适应 BOT 融资的投资环境的步伐。

在争取私人资本为基础设施建设融资时，所面临的最大挑战是形成一个有利于 BOT 融资的投资环境。而这一目标的中心环节是为基础设施建设融资确立一个健全的法律框架。只有明确的法律文本及其相应的规定，才能公正公平地表明经济活动所拥有的条件、必须承担的风险，以及期望得到的利润，并予以公开的保证，从而才能真正吸引私人投资者参与基础设施建设。为体现鼓励与限制相结合的原则，应在以下几方面做出明确规定：

- 投资主体。参与 BOT 项目的国内外投资者应具有良好的资信、技术水平和管理经验。

- 项目范围。我国《外商投资产业指导目录》明文规定，对于地方铁路、桥梁、隧道、轮渡设施和民用机场项目的建设与运营，鼓励外商投资，但不允许外商独资，要求中方国有资产占主导地位或控股，这就大大降低了这类项目采用 BOT 投资方式的可能性。实际上，在各地准备报批的 BOT 项目中上述项目占了绝大多数。政府宜在做好监控管理工作的前提下，适当放宽 BOT 项目的范围。

- 税收优惠。投资国家重点支持的急需项目应给予特殊的税收优惠，如减免地方所得税、免除外国投资者所获得的股息和红利的所得税等。

- 股权政策。BOT 项目有关设施的使用和经营权将在特许期满后移交政府，外国投资者没有永久占有权，因此，可适当放开对股权控制比例的限制，在符合产业政策的前提下允许外商独资或控股经营，实行灵活的股权政策。

- 经营期限。根据不同项目规定不同的经营期限，既要保证投资者有合理的时间回收投资、取得较高的投资回报，又要保证国家的利益。在经营期内政府要保证项目主办人的合法经营权，不得提前收回或以其他方式损害其利益，项目主办人也不得转让经营权。

- 政府担保。BOT 项目的复杂性和长期性决定了它的高风险性，必要的政府担保不可缺少。首先，提供后勤供应担保。政府应出面协助解决后勤供应问题，保证向建设项目提供建设用地及以合理价格提供原材料和能源。其次，提供价格担保。基础设施 BOT 项目建设经营期限长，收益与远期物价的波动密切相关，应视项目具体情况给予一定的价格担保。再次，对外商还要提供外汇平衡担保。应允许外国投资者将合法纳税后的经营收入按外汇市场比价汇出境外，以消除其在外汇兑付方面的顾虑。

- 反操纵条款。为防止外商对基础设施的绝对控制，应规定由一定数量的国内金融机构、咨询管理机构、建设施工单位参与。

- 社会责任。BOT 项目主办人在项目兴建及经营期内，要承担环境保护等社会责任。

⑤ BOT 风险的规避和分担。

应付风险的机制有两种。一种机制是规避，即以一定的措施降低不利情况发生的概率；另一种机制是分担，即事先约定不利情况发生时损失的分配方案。这是 BOT 项目合同中的重要内容。国际上在各参与者之间分担风险的惯例是：谁最能控制的风险，其风险便由谁承担。

- 政治风险的规避。跨国投资的 BOT 项目公司首先要考虑的就是政治风险问题。而这种风险仅凭经济学家和经济工作者的经验是难以评估的。项目公司可以在谈判中获得政府的某些特许以部分抵消政治风险。如在项目国以外开立项目资金账户。此外，美国的海外私人投资公司（OPIC）和英国的出口信贷担保部（ECGD）对本国企业跨国投资的政治风险提供担保。

- 市场风险的分担。在市场经济体制中，新技术的出现带来的市场风险应由项目的发起人和确定人承担。若该项目由私人机构发起，则这部分市场风险由项目公司承担；若该项目由政府发展计划确定，则政府主要负责。而工程超支风险则应由项目公司做出一定预期，在 BOT 项目合同签订时便有相应准备。

- 技术风险的规避。技术风险是由于项目公司在与承包商进行工程分包时约束不严或监督不力造成的，所以项目公司应完全承担责任。对于工程延期和工程缺陷应在分包合同中做出规定，与承包商的经济利益挂钩。项目公司还应在工程费用以外留下一部分维修保证金或施工后质量保证金，以便顺利解决工程质量问题。对于影响整个工程进度和关系整体质量的控制工程，项目公司还应进行较频繁的期间监督。

- 融资风险的规避。工程融资是 BOT 项目的贯穿始终的一个重要内容。这个过程全部以项目公司为主体进行操作，风险也完全由项目公司承担。融资技巧对项目费用大小影响极大。首先，工程过程中分步投入的资金应分步融入，否则大大增加融资成本。其次，在约定产品价格时应预期利率和通胀的波动对成本的影响。若是从引入外资的 BOT 项目，应考虑货币兑换问题和汇率的预期。

- 不可抵抗的外力风险的分担。这种风险具有不可预测性和损失额的不确定性，有可能是毁灭性损失。而政府和私人机构都无能为力。对此可以依靠保险公司承担部分风险。这必然会增大工程费用，对于大型 BOT 项目往往还需要多家保险公司进行分保。在项目合同中政府和项目公司还应约定该风险的分担方法。

- 综上所述，在市场经济中，政府可以分担 BOT 项目中的不可抵抗的外力的风险，保证货币兑换或承担汇率风险，其他风险皆由项目公司承担。

- 西方国家的 BOT 项目具有两个特别的趋势值得中国发展 BOT 项目借鉴。其一是大力采用国内融资方式，其优点之一便是彻底回避了政府风险和当前浮动汇率下尤为突出的汇率风险。另一个趋势是政府承担的风险越来越少。这当然有赖于市场机制的作用和经济法规的健全。从这个意义上讲，推广 BOT 的途径，不是依靠政府的承诺，而是深化经济体制改革和加快法制建设。

（2）BOO、BOOT 模式

BOO、BOOT 都是 BOT 的衍生模式，虽然这些模式在具体操作上存在差异，但它们在运作中与典型的 BOT 模式并无实质差异。简要介绍如下：

1）模式介绍

① BOO（Build-Own-Operate）即建设—拥有—经营，承包商根据政府赋予的特许权建设并经营某项产业项目，但是并不将此项基础产业项目移交给公共部门。

BOO 模式的优势在于，政府部门既节省了大量财力、物力和人力，又可在瞬息万变的信息技术发展中始终处于领先地位，而企业也可以从项目承建和维护中得到相应的回报。

② BOOT（Build–Own–Operate–Transfer）即建设—拥有—经营—移交，私人合伙或国际财团融资建设基础产业项目，项目建成后，在规定的期限内拥有所有权并进行经营，期满后将项目移交给政府。这种模式有利于改善其在项目经营期内的资产负债结构。

2）BOO、BOOT 与 BOT 的比较

① BOT 与 BOO。

● 相同点。

BOT 和 BOO 模式最重要的相同之处在于，它们都是利用私人投资承担公共基础设施项目建设。在这两种融资模式中，私人投资者根据东道国政府或政府机构授予的特许协议或许可证，以自己的名义从事授权项目的设计、融资、建设及经营。在特许期内，项目公司拥有项目的占有权、收益权以及为特许项目进行投融资、工程设计、施工建设、设备采购、运营管理和合理收费等权利，并承担对项目设施进行维修、保养的义务。在我国，为保证特许项目的顺利实施，在特许期内，如因我国政府政策调整因

素影响，项目公司受到重大损失的，允许项目公司合理提高经营收费标准或延长项目公司特许期；对于项目公司偿还贷款本金、利息或红利所需要的外汇，国家保证兑换和外汇出境。但是，项目公司也要承担投融资及建设、采购设备、维护等方面的风险，政府不提供固定投资回报率的保证，国内金融机构和非金融机构也不为其融资提供担保。

● 不同点。

BOT 与 BOO 模式最大的不同之处在于，在 BOT 项目中，项目公司在特许期结束后必须将项目设施交还给政府；而在 BOO 项目中，项目公司有权不受任何时间限制地拥有并经营项目设施。从 BOT 的字面含义，也可以推断出基础设施国家独有的含义：作为私人投资者在经济利益驱动下，本着高风险、高回报的原则，投资于基础设施的开发建设。为收回投资并获得投资回报，私人投资者被授权在项目建成后的一定期限内对项目享有经营权，并获得经营收入。期满后，将项目设施经营权无偿移交给政府。由此可见，项目设施最终经营权仍然掌握在国家手中，而且在 BOT 项目整个运作过程中，私人投资者自始至终都没有对项目的所有权。说到底，BOT 模式不过是政府允许私人投资者在一定期限内对项目设施拥有经营权，但该基础设施的本质属性没有任何改变。换句话说，运用 BOT 方式，项目发起者可拥有一段确定的时间以获得实际的收入来弥补其投资，之后，项目交还给政府。而 BOO 方式，项目的所有权不再交还给政府。

② BOOT 与 BOT、BOO。

BOOT 与 BOT 的区别有二：

一是所有权的区别。BOT 方式，项目建成后，私人只拥有所建成项目的经营权；而 BOOT 方式，在项目建成后，在规定的期限内，私人既有经营权，也有所有权。

二是时间上的差别。采取 BOT 方式，从项目建成到移交给政府这一段时间，一般比采取 BOOT 方式短一些。每一种 BOT 形式及其变形，都体现了对于基础设施政府所愿意提供的私有化程度。BOT 意味着一种很低的私有化程度，因为项目设施的所有权并不转移给私人。BOOT 代表了一种居中的私有化程度，因为设施的所有权在一定有限的时间内转给私人。最后，就项目设施没有任何时间限制地被私有化并转移给私人而言，BOO 代表的是一种最高级别的私有化。换句话说，一国政府所采纳的建设基础设施的不同模式，反映出其所愿意接受的使某一行业私有化的不同程度。由于基础设施项目通常直接对社会产生影响，并且要使用公共资源，诸如土地、公路、铁路、管道、广播电视网等。因此，基础设施的私有化是一个特别重要的问题。对于运输项目（如收费公路、收费桥梁、铁路等）都是采用 BOT 方式，因为政府通常不愿将运输网的私有权转交给私人。在动力生产项目方面，通常会采用 BOT、BOOT 或 BOO 方式。一些国家很重视发电，因此只会和私人签署 BOT 或是 BOOT 特许协议。而在电力资源充足的国家（如阿根廷），其政府并不如此重视发电项目，一般会签署一些 BOO 许可证或特许协议。电力的分配和输送、天然气以及石油通常被认为是关系到一个国家的国计民生，因此建设这类设施一般都采用 BOT 或 BOOT 方式。

3）使用条件

对于一些不涉及社会民生的可经营性项目，如污水处理厂、垃圾处理厂可采用 BOO 模式。

4.1.3　政府购买服务的一揽子模式

综合性较强、投资较大、运营维护难的智慧城市项目，尤其是牵涉多个重大项目并行推进的系统性工程，例如：信息惠民工程建设涉及智慧城市中的多个领域，需要信息资源高度共享，业务部门之间互联互通；城市公共信息服务平台也涉及各个业务部门，这些项目需要统筹力度较大、综合很强，并且投资较大，政府财政压力大。该类项目可以采用政府购买服务的一揽子模式，由实力较强的企业做总承包，包括后期的运营维护，政府每年只支付购买服务的费用。这样既减轻了政府财政压力，也摆脱了政府运维的负担，同时还培养了企业，推动了信息产业的发展。城市公共信息服务平台、企业融合服务平台、社区综合服务平台等，也都适合政府购买服务的一揽子模式。

4.1.4　PPP 政企合作模式

广义 PPP（Public-Private-Partnership）也称 3P 模式，即公私合作模式，是公共基础设施的一种项目融资模式。在该模式下，鼓励企业与政府进行合作，参与公共基础设施的建设。通过这种合作方式，合作各方可以达到与预期单独行动相比更为有利的结果。合作各方参与智慧城市项目时，政府并不是把项目的责任全部转移给企业，而是由参与合作的各方共同承担责任和融资风险。双方首先通过协议的方式明确共同承担的责任和风险，其次明确各方在项目各个流程环节的权利和义务，最大限度地发挥各方优势，使得建设摆脱政府行政的诸多干预和限制，又充分发挥社会资本在资源整合与经营上的优势。政府公共部门在与企业合作过程中，让非公共部门所掌握的资源参与提供公共产品和服务，从而实现政府公共部门的职能，同时也为企业带来利益。通过这种合作和管理过程，可以在不排除并适当满足企业的投资营利目标的同时，为社会更有效率地提供公共产品和服务，使有限的资源发挥更大的作用。

智慧城市建设采用该种模式，即政府与企业联合成立公司，引入社会资本，共同设计开发，共同承担风险，全过程合作，期满后再将项目移交给政府的公共服务开发运营方式，政府对智慧城市项目中后期建设管理运营过程参与更深，企业对项目前期科研、立项等阶段参与更深。政府和企业都是全程参与，双方合作的时间更长，信息也更对称。双方可以更有效地整合智慧城市生态，实现共同运营、共同服务、共担风险和收益分成。

该模式更适合新区智慧城市建设，以及区域或试点的智慧城市综合建设。对模式分析如下：

（1）模式介绍

PPP（Private-Public-Partnership），即公私伙伴关系，是指公共部门为提供某种公共物品或公共服务，以特许经营权协议为基础而建立起来的一种长期合作关系。这种伙伴关系通常需要通过正式的协议来明确双方的权利和义务，以确保项目的顺利完成。在这种关系下，公共部门与私人部门发挥各自的优势来提供公共服务，共同分担风险、分享收益。

PPP 模式的实质是政府通过给予私营公司长期的特许经营权和收益权，将市场中的竞争机制引入基础设施建设中，以期达到更有效地提供公共服务的目的。PPP 代表的是一个完整的项目融资概念。政府并不是把所有项目的责任全部转移给企业，而是由参与合作的各方共同承担责任和融资风险。政府的公共部门与参与者以特许经营协议为基础进行合作，与以往企业参与公共基础设施建设的方式不同，它们的合作始于项目的确认和可行性研究阶段，并贯穿项目的整个过程。

（2）主要特征

1）项目为主体

PPP 项目主要根据项目的预期收益、资产以及政府扶持措施的力度来安排融资，其贷款的数量、融资成本的高低以及融资结构的设计，都是与项目的现金流量和资产价值直接联系在一起，因此 PPP 项目的融资是以项目为主体的融资活动。

2）有限追索贷款

传统融资模式实行的是根据借款人自身资信情况确定的完全追索贷款，而 PPP 项目融资实行的是有限追索贷款，即贷款人可以在贷款的某个特定阶段对项目借款人实行追索，或在一个规定范围内对公私合作双方进行追索；除此之外，项目出现任何问题，贷款人均不能追索到项目借款人除该项目资产、现金流量以及政府所承诺的义务之外的任何形式的资产。

3）合理分配投资风险

PPP 模式可以尽早地确定哪些基础设施项目能够进行项目融资，并且可以在项目的初始阶段就较合理地分配项目整个生命周期中的风险，而且风险将通过项目评估时的定价而变得清晰。

4）资产负债表之外的融资

PPP 项目的融资是一种资产负债表之外的融资。根据有限追索原则，项目投资人承担的是有限责任，因而通过对项目投资结构和融资结构的设计，可以帮助投资者将贷款安排为一种非公司负债型融资，使融资成为一种不需进入项目投资者资产负债表的贷款形式。

5）灵活的信用结构

PPP 项目具有灵活的信用结构，可以将贷款的信用支撑分配到与项目有关的各个方面，提高项目的债务承受能力，减少贷款人对投资者资信和其他资产的依赖程度。

（3）应用条件

PPP 模式应用的外部条件主要包括：清晰、完善的政策法规制度，增值的条件，完善的资本市场和健全的信用担保体系，完善、成熟的市场竞争环境。

1）清晰、完善的政策法规制度

PPP 模式的最大特点是可以使作为项目参与方的民间资本在项目前期

就参与进来，与政府部门共同商讨项目建设全过程，因此，建立一套清晰、完善的政策和法规制度，是民间资本以 PPP 模式进入基础设施领域的必备条件。基础设施项目一般具有资金需求量大、回收周期长的特点，民间资本投资在此，意味着资金需要在该项目上经过较长时间的沉淀。考虑到投资在短期内是无法看到收益回报的，故民间资本对项目所在的政策法律环境一定会极其关注，如是否有适合 PPP 项目的相关优惠政策及法律制度，政府会不会朝令夕改、中途毁约，这些政策和法律制度的稳定性、时效性怎样，等等。来自国外早期的一些案例表明，如果没有良好的立法和政策规制环境，一般会导致风险和成本的增加而影响 PPP 项目的有效运作。因此，为了吸引民间资本，政府应该采取多种强有力的政策措施，营造良好的外部环境，开放投资领域，实施财政补贴政策、税收优惠政策、信贷优惠政策等，健全社会化服务体系，转变政府职能，建立清晰、完善的法律制度，在法律上对政府部门与民间资本在 PPP 项目各阶段中需要承担的责任、义务、风险以及能够享受的权利进行明确的界定。同时，政府在制定相关法规、政策时，一定要全面、充分、科学、谨慎，一旦法规政策实施，就要保持其稳定性和延续性，以此保护公私双方的合法权益，打消民间资本投资的后顾之忧，增加民间资本以 PPP 模式投资基础设施建设的信心。

2）PPP 模式在基础设施项目中的运用要有"增值"的条件

PPP 模式是建立在政府部门和民间资本之间合作和交流基础上的"共赢"，民间资本是以追求利润最大化为目标的，因此运用 PPP 模式的基础设施项目必须要有增值的条件，否则民间资本是不愿意进入基础设施领域的。因此在基础设施项目中应用 PPP 项目首先要有可操作性，要有量化的经济指标可比较，即基础设施服务的产出可以被简单地定量和度价，以此来衡量公私双方合作所产生的绩效。其次，PPP 模式在基础设施项目中的运用要有"增值"。选择 PPP 项目时，要考虑到在整个项目全生命周期内，可以将项目的成本和收益折合成净现值后，与传统的由政府部门提供的净现值进行比较，看 PPP 项目的运用是否有增值，如果不能证明实施 PPP 模式能产生较高的资金价值，那么就仍采用传统的方式。欧洲委员会成员国已经采用正式的评估工具来判断运用 PPP 模式是否比传统的政府采购方式更节约成本和能产生更高的收益。

3）完善的资本市场和健全的信用担保体系

在传统融资模式下，由于投资方和贷款人风险过大，没有退路，使融资举步艰难。同样，在 PPP 模式下虽然投资方和贷款人风险是降低了，但完善的资本市场和健全的信用担保体系，仍是民间资本进入基础设施项目的有利的资金保障。由于 PPP 项目一般投资巨大且有着较长的建设期和投资回收期，而民间资本个体的经济实力普遍不强，仅仅依靠民间资本的资信来安排融资是远远不够的，此时完善的资本市场、配套的银行服务体系支撑和健全的信用担保体系对 PPP 项目的融资至关重要。在发达国家和多数发展中国家，近年来为发展中小企业服务的金融服务体系不断得到加强。

4）完善、成熟的市场竞争环境

一直以来，政府在基础设施建设中处于垄断地位，缺乏市场竞争，存在着浪费严重、效率低下、风险巨大等诸多弊病。因此要改变这种现象，政府在引进民间资本的同时，必须引进竞争机制，培育产权明晰、具有自我约束机制的市场竞争主体，塑造适度竞争的市场架构，这也是运作 PPP 项目必不可少的条件。

4.2　智慧城市建设运营模式的选择框架

4.2.1　智慧城市建设运营模式选择的指标参数

根据智慧城市项目的特点，结合城市运营理论基础，可以得出智慧城市项目建设运营具体模式选择所参考的指标参数为：纯经营性、准经营性、非经营性、公共物品、私人物品、准公共物品、保密性、公益性、系统性。智慧城市建设运营模式选择参数表样式见表 4-1。

表 4-1　智慧城市建设运营模式选择参数表样式

项目	纯经营性	准经营性	非经营性	公共物品	私人物品	准公共物品	公益性	保密性	系统性	建设运营模式

对于保密性要求较高的、公益性较强的工程项目建议由政府统筹建设，统一运营；对于系统性要求较高的工程项目，尤其是涉及多个领域、多个部门、多个系统复杂的巨系统工程，采用总承包的一揽子服务模式或 PPP 模式，才能有效地保障工程的系统性、完整性。

4.2.2　智慧城市建设运营模式的选择决策模型

通过对智慧城市项目分析，根据项目区分理论和公共财政理论，可初步得出智慧城市建设运营模式选择过程的逻辑框架，如图 4-3 所示。

在实际应用过程中，还要充分考虑项目的公益性、保密性和系统性等其他指标参数，综合考量决定项目适合采用的建设运营模式。

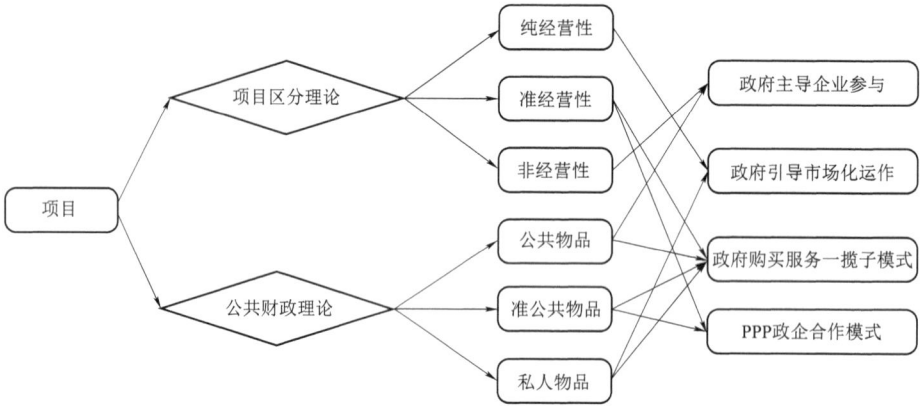

图4-3 建设运营模式选择逻辑图

第 5 章　智慧城市基础设施建设运营模式

5.1　网络基础设施

5.1.1　建设目标

家庭用户平均接入能力达到 100 Mbps，社区和商务楼宇接入能力达到 1 000 Mbps，企业用户平均接入能力达到 1 000 Mbps，互联网普及率达到 90% 以上。无线宽带公共服务区域全覆盖。高清交互数字电视用户比例达到 85% 以上。3G 及下一代无线通信用户比例达到 80% 以上，拓展移动电视和移动多媒体网的应用范围。提升农村信息化基础设施水平，加大对农村信息化建设投入力度，努力缩小城乡差距。建成覆盖市、区、街道（乡镇）、社区（村、所）四级互联的全市统一政务光纤专网、政务无线网和政务内网，基本实现互联网统一接入。建立政务网络信息安全监管体系。建成云计算环境，已有网络、硬件资源利用率达到 90%。建立全市多源、多尺度、多时态的城市空间数据管理平台，启动三维数字地图系统建设，开发三维数字地图集成管理和规划审批三维决策支持两个平台。

5.1.2　建设内容

引导各大电信运营商、建设商，实现信息基础设施的普遍提升。建设"光速之城"，实现"百兆到户、千兆进楼、T 级（百万兆）出口"的网络覆盖能力；建设"无线城市"，确保重点功能区和公益性文化场所、商务热点区域的无线宽带接入信号全覆盖；推进"三网融合"，完成有线电视双向网络改造，高清数字电视用户比例明显增加。

5.2　城市综合管理服务中心

5.2.1　建设目标

围绕以创新智慧城市一体化业务协作为目标，以信息技术与系统集成为主线，建设城市运行监测、协作、指挥、评估优化系统，配套智慧运行指挥基础建设，提升城市精细化管理的能力，提升城市智能化管理水平，提升城市破解管理难题的水平，实现整个城市的和谐快速发展。

5.2.2　建设内容

5.2.2.1　构建城市运行指标的可视化管理系统

对宏观经济、新兴产业发展、人口、环境、政府服务效能、城市宜居指数、交通道路车流状况、卫生医疗安全事故数量及原因、食品药品安全生产及使用、金融市场运行指标、生态环境污染指数、旅游承接能力等各项关键业务数据进行总体监控，将以上数据的统计形成显示板，提供一系列图片、图形、图表、表格和事件列表的展示形式，为城市高层管理者、政府各部门领导者、操作人员提供可定制的实时视图，使他们及时了解城市事件、故障、服务和主要绩效指标。

5.2.2.2　构建跨领域、跨部门的协作指挥系统

提供一个集中的实时协作环境，跨部门和机构规划、组织、监控和分享信息。处理单一部门的数据源和事件信息，然后在整个城市视图中呈现这些信息。一旦发生紧急事件，指挥人员可以评估状况，并通过实时通信手段发送给操作室，同时派遣更多的营救人员及资源赶去抢险。同时，各机构负责人可一起审阅报告详情，时时沟通，制订恢复计划。实时协作可加快解决问题，降低危机的影响，并使完成工作所需的资源最少化。

5.2.2.3　构建城市运行关联业务的评估优化系统

业务评估优化分为两个方面，一是通过对日常状态下城市运行指标的细化解读，优化改善包括政务、交通、城管、教育、公安等业务部门在内的业务流程与评测指标，制定新的发展规划等，创建新型的社会服务型政府。二是当应急事件处置完成之后，通过整合初报、续报、出现场、领导批示、电话录音、短信、传真等记录，实现科学的善后评估。

5.3　云计算中心

5.3.1　建设目标

城市云计算中心包含公共服务云（G-cloud）、企业云（E-cloud）和公共计算平台（HPC）三大业务平台以及一个省内异地灾备中心。

公共服务云用以支撑政务信息系统和面向市民的公共服务平台，而企业云和公共计算平台则构成一个开放的服务"大区"，提供给创新型软件

企业、科研院所和对工程计算有需求的企业。

最后，通过城市云计算中心的建设，使城市具备集先进政务计算与信息处理、开放科研开发基础平台、开放培训和教育平台、面向综合信息化管理的综合办公平台于一体的基础设施。最终建成开放可共享的高端计算环境，服务于政府信息化，同时为企业创造新型科研、生产手段和资源服务，为科研提供国际水准的现代化科研环境，为跨行业跨学科的技术合作创造机会，引导培育开发一批推动经济建设和行业发展的应用项目，培育新的经济增长点，培养和吸引一批高级技术人才，为国民经济可持续发展做出贡献。

5.3.2　建设内容

整合各个市委办局现有的人口库、法人库、空间地理与自然资源数据库和宏观经济数据库，建立和完善城市部件库、事件库等数据库，形成云计算中心海量数据库。这样不但能够动态配置实现各类不同主题的信息处理，在云计算中心海量数据库的基础上，通过进行清洗、转换、集成，构建业务应用所需的业务数据库，充实公共服务数据库，提升数据的价值，实现数据向信息的转变；而且在新智慧应用的建设中，支撑业务数据库及公共服务数据库的指标项扩展，这些指标项的扩展也会充实基础数据库的指标项及数据内容，面向市民、企业、政府等各类用户，以运行环境、基础设施平台、城市级数据资源交换与管理平台、公共服务平台为主要建设内容，提供城市的各类基础设施的租用服务，数据的存储、处理、交换、共享服务，基本业务定制服务与业务的应用开发服务等多种服务类型。

面对城市不断增长的海量数据，利用大数据技术解决智慧城市庞大的结构化、半结构化和非结构化数据的快速存取、挖掘、管理、处理，支持智慧城市各领域的有效智慧决策和预测，盘活云计算中心资产。制定一个有效的城市数据战略，包括构成彼此协作关系的数据模型、数据交互架构、整合架构、分析架构、安全性和遵从性以及一线服务，能够保障城市分散的单位可以在不分享或者整合机构数据的前提下形成自己的数据策略。智慧来自分析，信息来自数据的加工，大数据的核心使命就是分析数据，因此大数据是智慧城市的信息工厂、智慧工厂。在智慧公共安全领域，应用大数据技术，提高应急处置能力和安全防范能力；在智慧医疗、卫生、智慧教育民生领域，应用大数据技术，提升服务能力、运作效率及个性化的服务；用大数据解决在智慧金融、电信领域数据分析的问题等。

5.4　地理空间信息系统

5.4.1　建设目标

建设位置源数据中心，为智慧城市建设提供高精度地理信息服务。面向社会管理、政务服务和民生工程，不断深化地上、地表、地下一体化的地理空间信息管理与开发利用，促进地理信息资源的集约利用，实现地理空间信息的"智慧感知、智慧融合、智慧分析、智慧服务、智慧决策"，开展地理市情监测，满足城市管理、经济建设、社会发展以及市民生活的不断发展需求，进一步提升地理信息服务能力。

5.4.2　建设内容

建立全市多源、多尺度、多时态的城市空间数据管理平台，提出并实现跨行业、跨部门、跨平台地理空间信息共享与服务模式，打破城市不同行业、不同部门间的信息壁垒，在城乡规划、国土资源管理、市政建设、交通监管、城市网格化管理等领域发挥重要作用。启动三维数字地图系统建设，开发三维数字地图集成管理和规划审批三维决策支持两个平台，广泛应用于城市规划和国土资源管理，并为实有人口实有房屋管理、建设工程生命周期管理等工作提供先进的平台支撑。

5.5 网络信息安全

5.5.1 建设目标

网络信息安全是一个关系国家安全和主权、社会稳定、民族文化继承和发扬的重要问题，其重要性正随着全球信息化步伐的加快越来越重要。在智慧城市建设中，网络信息安全更是处于举足轻重的地位。

基于安全基础设施，以安全策略为指导，提供全面的安全服务内容，覆盖从物理、网络、系统，直至数据和应用平台各个层面，以及保护、检测、响应、恢复等各个环节，构建全面、完整、高效的信息安全体系，从而提高智慧城市信息系统的整体安全等级，为智慧城市的业务发展提供坚实的信息安全保障。

5.5.2 建设内容

在智慧城市建设中需要从安全技术与安全管理两个层面为智慧城市基础设施提供深度、多级、主动的安全防护，包括安全技术保障与安全管理运维两个部分。综合通过物理安全、网络安全、虚拟化安全、服务安全、数据安全和行为安全六个方面的安全保障技术，确保智慧城市基础设施的安全可靠，保障业务的连续性。建立安全管理机构，全面负责智慧城市信息安全工作。对信息安全管理范围进行调查评估，依照国家和地方相关信息安全法律、法规和规范，针对城市的各类系统应用，建立完善的信息安全管理制度，规范智慧城市相关系统应用安全建设、安全运维的制度，对管理人员和操作人员的日常管理建立操作流程。由安全监理人员对安全规范的执行行为进行持续性的审计和评估，确保信息系统安全风险保持在可接受范围内。智慧城市网络信息安全建设内容主要包括如下几个方面：

5.5.2.1　智慧城市云安全基础设施

智慧城市云安全基础设施从安全技术与安全管理两个层面为智慧城市基础设施提供深度、多级、主动的安全防护，包括安全技术保障与安全管理运维两个部分。

（1）安全技术保障

安全技术保障包括物理安全、网络安全、虚拟化安全、服务安全、数据安全和行为安全，主要内容如下：

1）物理安全：包括基础设施的设备安全、电源安全以及环境安全；防台风、防雷击、防火、防水、防静电、防鼠害、防辐射、防盗窃、火灾报警及消防等设施和措施。

2）网络安全：包括基础设施的可信接入、访问控制、虚拟专用网、防垃圾邮件、防拒绝服务攻击、入侵检测、入侵防护、防恶意代码、网络接入、网络隔离、内容过滤、网络审计等。

3）虚拟化安全：虚拟化技术主要包括服务器虚拟化、网络虚拟化、存储虚拟化、应用虚拟化等。虚拟化安全主要包括虚拟机的入侵检测和防护技术、虚拟机运行时的完整性保护技术、虚拟机的隔离技术、虚拟机映像文件的安全保护技术、虚拟机的安全迁移技术等。

4）服务安全：包括病毒防护、防恶意代码、双机热备、负载均衡、运行容器隔离技术、容侵与容错技术、在线监控与自动恢复技术、多租户隔离技术等。

5）数据安全：包括数据隔离、数据访问控制、数据传输、数据库安全、数据加解密、数据备份与恢复技术等。

6）行为安全：包括行为监控技术、入侵防护技术、安全审计技术、应急响应技术等。

综合通过以上这六个方面的安全保障技术，确保智慧城市基础设施的安全可靠，保障业务的连续性。

（2）安全管理运维

安全管理运维包括安全治理、安全运维、安全评估与应急管理。为了确保智慧城市基础设施的安全，需要建立完善的安全管理制度，对信息安全基础设施进行治理、运维、评估和应急管理。安全管理制度的建立包括确定信息安全管理范围、制定信息安全方针、明确管理职责、以风险评估为基础选择控制目标与控制方式等活动。

建立信息安全管理运维体系，首先必须建立安全管理机构，全面负责智慧城市信息安全工作。其次，信息安全管理机构对城市信息安全管理范围进行调查评估，依照国家和地方相关信息安全法律、法规和规范，针对城市的各类系统应用，建立完善的信息安全管理制度，规范智慧城市相关系统应用安全建设、安全运维的制度，对管理人员和操作人员的日常管理建立操作流程。再次，由安全监理人员对安全规范的执行行为进行持续性的审计和评估，确保信息系统安全风险保持在可接受范围内。

5.5.2.2　安全服务云

安全服务云为智慧城市提供了基础的信息安全服务，主要包括杀毒云、认证云、风险评估云、备份云、安全基线云以及安全预警云等。

杀毒云为各种用户提供了病毒查杀、病毒库升级、病毒疫情通报等服务；认证云为各种用户提供了统一的认证服务，实现在不同信息系统之间的身份识别与信任建立；风险评估云能够按照各种评估标准，对不同用户的信息环境进行风险评估，检测潜在的信息安全威胁，给出风险应对的手段与措施；备份云能够根据各类用户的数据可用性需求，提供数据备份服务，确保用户数据安全和隐私；安全基线云提供各种系统与终端的标准化安全配置信息，供不同用户和系统实现基础安全；安全预警云根据各种信息安全实践的综合分析与决策，为各种用户提供信息安全预警服务，提高用户的安全防护意识。

5.5.2.3　终端安全

绝大多数信息安全事故源自终端，因此，提高终端的安全性有助于大幅度降低智慧城市中出现的信息安全事件。终端安全确保智慧城市的各种终端的安全性，包括主机安全、网络安全和数据安全。

主机安全技术通过对终端的硬件、操作系统、软件等关键组件实施补丁升级、系统安全设置、关键部位防护等措施，进行安全加固，提供终端的安全性；网络安全技术确保终端在使用各种网络访问系统和应用过程中的安全，包括链路加密、服务认证、可信接入等技术；数据安全技术为终端提供数据加密、数据备份与恢复等服务，确保终端上所存储数据的秘密性、完整性与可用性。

5.5.2.4　安全监管

安全监管属于智慧城市安全管理的一部分，实现对智慧城市信息安全事件的监控与管理，包括安全事件监管、合规性监管、舆情监控、安全审计、应急响应、服务监管、接入监管以及隐私保护等。

安全事件监管及时发现和处理智慧城市中出现的各种信息安全事件，并与舆情监控、应急响应等实现联动；合规性监管对信息安全产品与服务质量、信息安全管理制度运行等进行管理；舆情监控及时发现网络中各种舆论导向并进行合理疏导和管控；安全审计对各种信息系统的安全性事件进行管理和审计，发现潜在的安全事件并溯源追踪；应急响应能够对突发性的信息安全事件进行快速响应，将信息安全事件的影响降到最低；服务监管对各种系统服务的质量进行管理，及时发现和处理违规服务；接入监管对接入各种网络与系统的用户、服务进行实时监控与管理；隐私保护确保用户的身份、数据等隐私性信息不被非法使用和非授权泄露。

5.6　城市公共信息服务平台

5.6.1　建设目标

公共信息平台实现智慧城市不同部门异构系统间的资源共享和业务协同，有效避免多头投资、重复建设、资源浪费等问题，使市民、企业、政府可以便捷、多渠道、低成本地获取服务，有效支撑整个智慧城市正常、健康地运行和管理。城市公共信息服务平台可以有效地解决城市"信息孤岛"的问题，实现各部门之间互联互通、资源共享、业务协同，同时通过公共信息服务平台将不涉密信息资源向社会公开，鼓励市场充分利用这些资源进行二次开发利用，从而为社会提供全方位的服务，推动信息产业的发展。

该平台可以有效地解决城市目前普遍存在的"信息孤岛"的问题，可以很好地实现各业务部门的信息资源共享、互联互通，并实现业务协同。这必然是一个大的发展趋势，是很好的运营对象。目前，国家多个部委都提出建设类似平台，包括国家发改委在信息惠民试点城市中明确提出必须建设公共信息服务平台，住建部在国家智慧城市试点城市中也明确提出建设公共信息平台，工信部在信息消费试点中也提出要解决信息资源共享的问题。所有这些都为将来各个城市公共信息服务平台的大规模建设及后期运营埋下了伏笔，很快城市公共信息服务平台运营将形成很大的市场，该项目必定是一个很优质的蓝筹股。

5.6.2　建设内容

5.6.2.1　信息资源共享平台

公共信息平台整合并升级现有的信息资源数据库，形成"智慧城市"统一信息资源共享平台。

针对城市的专项领域相关联的业务应用，构建区域性的信息交换共享服务、信息存储服务、空间数据服务、跨区域的信息资源管理，并通过应用开发服务，对业务应用提供信息服务集成开发接口，业务流程服务实现跨领域的业务协同，进而支撑城市的跨领域的业务应用。

针对城市的智慧公安、智慧交通、智慧城管、智慧医疗、智慧水利、智慧社区、智慧物流、智慧管网等专项领域特色业务应用，构建成专项领域的信息交换共享服务、信息存储服务、空间数据服务、专项信息资源管理，并通过应用开发服务对业务应用提供信息服务集成开发接口，业务流程服务实现城市的专项领域内跨部门的业务协同，进而支撑城市的各个专项领域的业务应用。

通过构建统一的信息资源共享平台，以服务管理系统实现信息资源服务的访问控制，信息交换共享为具体信息访问共享的执行者，从而实现城市的专项和区域性信息共享。

（1）信息资源数据库建设

基础数据库建设：基于城市现有的人口库、法人库、地理空间信息数据库建设现状，增加宏观经济数据库和政务信息数据库，形成城市五大基础数据库，构建及完善城市的基础数据库。

专项数据库建设：结合现有各项业务领域应用，开展各个专项业务领域的专题数据库建设，涵盖城市的智慧公安、智慧交通、智慧城管、智慧医疗、智慧水利、智慧社区、智慧物流、智慧管网等专项领域，涉及特征类、定位类、报警类等相关信息数据库的构建。

（2）空间数据服务

在公共网上，依托公安网上的 PGIS，基于地理空间信息数据库，构建城市的公安网空间数据服务，对影像数据、矢量数据、二三维数据的访问进行封装，向上提供统一的空间数据访问接口，以支撑公安网上的业务应用。

在政务网上，基于综合数据库中的地理空间信息数据库，构建城市的政务公共 GIS 平台，从而满足城市政府各部门常规空间数据服务需求；依托现有的街景技术，融合实景拍摄照片与空间数据服务，为相关业务领域提供特色空间数据服务。

（3）综合基础信息管理

以《政务信息资源目录体系》为标准，梳理城市的智慧公安、智慧交通、智慧城管、智慧医疗、智慧水利、智慧社区、智慧物流、智慧管网等专项领域的信息资源，完成各个专项领域的基础目录编制；根据专项领域的应用体系整合政务信息资源，构建城市的区域性与专项性的政务信息服务目录体系。

（4）视频整合共享平台

视频整合共享平台主要包括城市内的视频信息资源的整合共享内容。

基于《公安部 GB/T 28181 SIP 平台协议》相关标准，整合城市现有的视频资源，构建统一的视频整合共享平台，涵盖城市的智慧公安、智慧交通、智慧城管、智慧医疗、智慧水利、智慧社区、智慧物流、智慧管网等专项领域的视频信息资源整合共享，向上层视频应用提供视频信息访问接口，完成对城市的专项领域和区域性的视频信息共享。

（5）信息交换共享

综合集成城市现有的信息共享资源，涵盖人口、车辆、人像等所涉及的主要的信息资源，针对定位、报警等公共的感知信息，构建感知信息共享综合集成服务，统一对城市的相关部门与专项业务领域提供服务通道。

（6）信息存储服务

依托信息资源数据库建设，针对其数据结构性特点，通过统一数据库中间件，从技术上解决及屏蔽异构数据库（关系数据库、非结构化数据库）存储、访问的差异性问题；本着信息资源集约化管理的原则，建设综合数据库管理系统，实现信息存储管理的可视化与直观化；结合数据库同步分发机制，完善城市的同一专项领域、跨部门和跨专项领域之间信息存储的一致性与协同性。

（7）业务流程服务

针对城市的流动人口、绩效考核、重大事件综合应急、重大事件督查督办等相关业务特性，通过构建业务流程管理，从技术上实现业务流程建模、业务流程自动化和工作流的聚合，建立对支持部门与部门间、区域与跨区域的一般流程和服务的正确调用顺序进行管理的机制，从而更好地支持"智慧城市"的各部门、专项领域内、区域之间的协同工作。

（8）服务管理系统

基于信息服务化的方式对城市的各专项（智慧公安、智慧交通、智慧城管、智慧医疗、智慧水利、智慧社区、智慧物流、智慧管网等专项）领域之间、部门之间的已建、新建业务系统进行封装，形成各个信息化服务，由公共信息平台进行统一注册、统一发布等，便于实现区域性、专项领域的服务集约化管理，从而实现城市的跨区域、专项信息资源和信息服务的生命周期统一管理。

（9）应用开发服务

基于服务化中间件，提供服务（存储接口服务、并发检索服务等）的向导式封装方法，根据提供的服务模板自动生成服务框架，提高服务封装的自动化程度，便于业务应用基于现有平台快速构建城市的专项领域或区域性的业务应用系统。

5.6.2.2 多领域综合展示与协调指挥物理平台

为不同业务领域包括智慧政务、智慧交通、智慧城管、智慧安全、智慧管网、智慧社区、智慧旅游等提供完善的物理运行条件和展示系统，建设包括行政管理区、公共服务区、指挥决策区、综合信息展示大屏、多功能体验区、首长决策区等多种物理操作空间，同时配备先进的通信系统及配套设施，为行政业务操作人员和指挥决策者提供便捷高效的办公环境。

5.6.2.3 智慧化处理中枢

智慧化处理中枢，即运用数据挖掘、人工智能、系统仿真、智能处理等先进技术，深入剖析汇聚信息，提升城市的业务应用服务的支撑能力。

智慧化处理中枢构建于分布式工作流和调度系统框架之上，依托业务所需的计算任务量，利用动态环境构建功能进行构建业务分析的基础运行环境（如CPU、内存等计算资源），采用分布式计算模型面向多模式海量数据提供数据转换、数据挖掘等功能，提取元数据，并根据任务类型和任务关联性，自动调用仿真模型库或分析算法库的服务接口，最后应用数据聚合功能汇聚各个计算结果，形成业务逻辑分析数据，并对外统一分析结果信息发布，支撑上层系统的业务应用。

而在城市领域业务信息系统中提到智能应用的具体业务功能，诸如决策支撑、停车诱导等，则由上层业务应用通过调用智慧化处理中枢系统所提供的功能附加业务逻辑来实现。

（1）动态环境构建

基于高性能处理与高吞吐率对计算资源的差异性，要求公共信息平台能够依据先进技术的特征，动态构建计算、存储资源，以期满足高效处理能力。

（2）分布式计算模型库建设

针对数据挖掘、人工智能、系统仿真等先进技术的运算特征，建设相应的分布式计算模型库，并能够提供可扩展的开放模式，以提升智慧化处理的支撑能力。

（3）仿真模型库建设

依托系统仿真与人工智能等相关先进技术，集成现有的仿真模型与仿真环境的动态申请，为专项业务应用提供一站式智能支撑服务，同时开放模型库可扩展的接口，以便为专业用户提供定制化服务。

模型库存储模块：模型库存储模块为仿真引擎提供公共安全领域相关模型。这些模型实现对所有关注的人、车辆等客观对象的概括与抽象，通过一定的形式对对象的本质及属性进行描述，以反映其功能、行为及变化规律。其中存放了支持三维仿真、停车诱导模型等。

模型库管理模块：模型库管理模块对各类模型接口统一管理，在其支持下，可实现对各类模型注册、发布等应用。

（4）分析算法库建设

集成现有的成熟算法，涵盖图形、规划、数值、并行、检索等相关方面，为高端应用、专项研究提供丰富可靠的计算推演环境，并允许专业用户对其进行定制化扩展。

分析算法库是一些公用的子程序或软件模块，可以根据专家知识与数据输入进行匹配推理，经过决策融合算法综合分析后产生最终结果。主要包括分析算法服务模块和分析算法管理模块。

分析算法服务模块：用于向系统提供通用的推理算法、信息处理算法等接口。其中，推理算法包括数据挖掘算法、专家规则算法、神经网络算法、模糊逻辑算法等人工智能推理算法，及信息处理算法接口人像比对算法、目标跟踪算法、模式分类算法等相关算法接口。

分析算法接口服务：算法库管理模块对分析算法接口统一管理，在此支持下，可实现对各类算法接口注册、发布等应用。

（5）分布式调度系统

分布式调度系统是智慧化处理中枢系统的执行者，针对大规模系统的基于分布式计算模型和策略引擎的复杂任务，由它实现定义、调度、协作和执行，主要用于支撑大规模系统的自动化运维及分布式计算框架的实现。

分布式调度系统支撑任务及资源的描述，可以将需要执行的任务根据预制的策略，参照系统内资源使用情况以最优化的方式匹配，从而高效地完成任务执行。分布式工作流在系统内实现了通用的状态机制，可以用来定义和描述复杂的任务执行流程，对复杂事件处理以及分布式计算框架提供了基础支撑。

基于以上描述，可以引进工作流引擎，利用工作流引擎实现复杂任务的定义与资源的调度，完成服务事物的处理。

5.7　企业融合服务平台

5.7.1　建设目标

通过企业融合服务平台整合国内外制造资源和制造能力，优化产业结构和产业布局，形成一个不受土地、劳动力等传统要素制约的新型产业发展环境，支持企业按需获得、优化配置制造资源和能力，敏捷地开展协同生产制造、服务销售等。

依托企业融合服务平台，首先可以实现产业对接。开展与外地企业的对接交易，助力本地企业更好地融入全球产业新格局，也使全国乃至全球的制造交易流入当地，使外部领先的制造资源和制造能力为我所用；开展与当地相关产业链的业务协作，提升各产业链内部以及产业链之间的协作效率，整合与延伸产业链条，提高对当地重点产业的带动能力；另外可以整合产业资源，开展共性产业服务的整合，以较小的成本，整合、盘活本地已有的产业资源为企业提供公共服务，降低产业发展的总体成本，增加已有的投资收益。

未来，企业融合服务平台将会像电子商务平台一样为企业构筑很好的发展空间，可以作为有潜力的运营服务载体。

5.7.2　建设内容

5.7.2.1　云制造服务系统

云制造服务系统主要结合园区中小企业多主体独立完成某阶段制造、多主体协同完成某阶段制造、多主体协同完成跨阶段制造、多主体按需获得制造能力四种新制造模式，有效支持园区中小企业集聚于云平台中的复杂产品全生命周期的体系论证、工程研制、生产加工以及综合保障等活动。

（1）系统概述

云制造过程中将面临多学科集成优化、跨单位协同、全生命周期集成等应用特点和挑战。针对以上需求，将从支持多主体独立完成某阶段制造、多主体协同完成某阶段制造、多主体协同完成跨阶段制造、多主体按需获得制造能力四种应用模式开展智慧制造服务模式研究，而这四种制造模式受到智能获取服务、智能推理、智能分析、智能资源管理服务等核心服务的支撑；同时，服务层还包括过程管控、外包模式、资源配置、制造执行、工艺路线、评估服务、CSD 管理、CSP 管理、监控服务和结算服务。

制造企业利用智能获取服务将整个城市制造行业的分析数据以及市场需求数据智能地汇集和整合，利用智能推理、智能分析服务挖掘制造行业的需求关联关系，分析获取制造资源和制造能力的组织状况、制造产品的市场行情等。基于智能化的制造资源管理服务可以更好地整合制造企业的资源和能力，建立从企业的供应决策到企业内部技术、工艺、制造和管理部门，再到用户之间信息的智能化集成，实现企业与外界的信息流、物流和资金流的顺畅传递，从而有效提高制造企业的市场反应速度和产品开发速度，确保制造企业在竞争中取得优势。

（2）系统构成

云制造服务系统总体框架体系从底至上分为四层，分别是感知层、网络层、处理层和管理服务层。

（3）系统功能

云制造服务系统是通过推动园区企业产业结构不断优化，通过设计研发数字化、制造装备智能化、生产过程自动化和经营管理网络化，深入推进信息化与工业化深度融合，推进制造业产品研发设计、生产过程、企业管理、市场营销、人力资源开发、新型业态培育、企业技术改造等环节两化融合，提高智能化和大规模定制化生产能力，促进生产型制造向服务型制造转变，实现精细管理、精益生产、敏捷制造，实现制造业行业产业优化升级。

5.7.2.2　企业支撑服务系统

企业支撑服务系统是园区企业的核心组成部分，其主要由"四库、一网、两引擎"组成，它将园区企业实时感知信息进行关联整合、分析处理，并向企业提供基于安全专家知识的智能推理、基于并行计算框架的数据挖掘以及基于分布协同仿真的预案推演等服务。

（1）系统概述

支撑服务平台系统是整个服务与应用平台的重要组成部分，其主要由"四库、一网、两引擎"组成。其将制造行业实时感知信息进行关联整合、分析处理，向制造业各业务子单位提供基于安全专家知识的智能推理、基于并行计算框架的数据挖掘以及基于分布协同仿真的预案推演等服务。

（2）系统构成

支撑服务平台系统体系结构主要由支撑层、核心服务层、功能服务层和应用层组成。

（3）系统功能

支撑服务平台系统包括"四库"和"两引擎"，其中，"四库"包括知识库、模型库、数据库和算法库，提供对各类知识、各种模型、前端感知设备获取的各种信息及平台各模块所涉及的算法的存储和管理功能，包括对知识、模型、数据和算法的查询、调用和维护等功能。"四库"为支撑服务提供信息基础。"两引擎"指推理引擎和仿真引擎。推理引擎融合了多种推理模式，实现对各种知识的综合处理及智能推理，得出的推理结果可以为风险预测和决策支持提供参考；仿真引擎基于各模型的协同仿真分析，可为制造业协同模拟生产提供仿真服务，对其进行预案推演，有效支持预案的分析、验证与推演。

5.7.2.3　制造资源和能力集成平台系统

制造资源和能力集成平台系统基于虚拟化、服务化和物联网技术，综合集成广域网环境下各中小企业复杂产品制造中快速设计、产品分析、工艺仿真、精密加工、产品检测、生产管理，以及面向柔性材料设计与制造等环节的制造资源和制造能力，达到企业之间制造资源和能力的智能共享和协同应用。

（1）系统概述

在当前信息化迅猛发展的环境中，信息化迅速融入工业化的方方面面，业务需求朝着系统间互联互通、业务协同、数据共享方向发展，前期开发的业务系统以及维系这些应用的 IT 基础资源架构也在不断地膨胀和增长。特别是日积月累的业务数据越发呈现巨型化和复杂化的特点，业务关联的多样性使得数据的一致性大打折扣，真实度降低，反而成为信息化组织的负担和麻烦的源泉，集中体现在信息孤岛、信息荒岛、信息秃岛的表现上，保证不了数据的一致性和有效性。因此，在信息化发展到一定程度后，随着信息系统对数据的共享需求，通过互联互通、共享集成以实现数字化大协同。

就大型企业的信息化而言，信息系统建设通常具有阶段性和分布性的特点，尤其是随着业务增长，信息或数据始终不能以有组织的方式发展，这就导致"信息孤岛"现象的存在。"信息孤岛"造成系统中存在大量冗余数据和垃圾数据，无法保证数据的一致性，从而降低信息的使用效率和利用率。为了解决这一问题，需要进行数据集成管理的研究。

（2）系统构成

数据集成管理平台系统主要由异构数据源、数据集中中间件和数据集中应用三部分组成。

（3）系统功能

数据集成管理平台系统主要提供如下主要功能：数据管理、数据交换、数据共享和系统扩展。

提供高效规范的系统间交互：高效而规范的系统间交互，提高了通信效率，减少了系统间的耦合，增强了系统的可维护性。

实现信息和应用的集成：提高信息的集成度，消除以往模式中存在的大量信息孤岛，提升信息的使用价值，同时 ESB 中间件实现了各相关系统之间的互联和接口交互，包括人力资源、财务、资产管理等系统以及未来要建设的系统等，实现了对应用的集成。

5.7.2.4　企业产品管理系统

企业产品管理系统对园区企业应用管理软件进行统一的管理，建立统一的工作流程，协同、调度和共享机制，使产品管理系统在应用层面上互相关联，通过园区企业云平台的整合，以云平台为枢纽，园区企业融合形成一个紧密联系的整体，获得高效、协同、互动、整体的效益。

（1）系统概述

企业产品数据管理（PDM）是以软件为基础，管理所有与产品相关的信息（包括电子文档、数字化文件、数据库记录等）和所有与产品相关的过程（包括工作流程和更改流程）的技术，它提供产品全生命周期的信息管理，在企业范围内为产品设计与制造建立一个并行化的协作环境。PDM 明确定位为面向制造企业，以产品为管理的核心，以数据、过程和资源为管理信息的三大要素。

（2）系统构成

PDM 进行信息管理的两条主线是静态的产品结构和动态的产品设计流程，所有的信息组织和资源管理都是围绕产品设计展开的，这也是 PDM 系统有别于其他的信息管理系统，如管理信息系统（MIS）、物料管理系统（MRP）、项目管理系统（Project Management）的关键所在（见图 5-1）。

（3）系统功能

作为 20 世纪末出现的技术，PDM 继承并发展了 CIMS 等技术的核心思想，在系统工程思想的指导下，用整体优化的观念对产品设计数据和设计过程进行描述，规范产品生命周期管理，保持产品数据的一致性和可跟

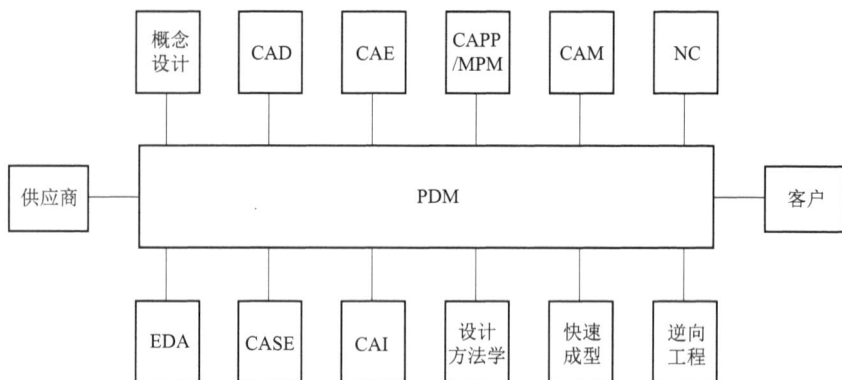

图 5-1 PDM 系统构成图

踪性。PDM 的核心思想是设计数据的有序、设计过程的优化和资源的共享。

PDM 技术的研究与应用在国外已经非常普遍。目前,全球范围商品化的 PDM 软件有不下 100 种。这些 PDM 产品间虽然有许多差异,但一般来说,大多具有以下一些主要功能:

1)电子资料库和文档管理。

对于大多数企业来说,需要使用许多不同的计算机系统(主机、工作站、PC 机等)和不同的计算机软件来产生产品整个生命周期内所需的各种数据,而这些计算机系统和软件还有可能建立在不同的网络体系上。在这种情况下,如何确保这些数据总是最新的和正确的,并且使这些数据能在整个企业的范围内得到充分的共享,同时还要保证数据免遭有意的或无意的破坏,这些都是迫切需要解决的问题。PDM 的电子资料库和文档管理提供了对分布式异构数据的存储、检索和管理功能。在 PDM 中,数据的访问对用户来说是完全透明的,用户无须关心电子数据存放的具体位置,以及自己得到的是否是最新版本,这些工作均由 PDM 系统来完成。电子资料库的安全机制使管理员可以定义不同的角色并赋予这些角色不同的数据访问权限和范围，通过给用户分配相应的角色使数据只能被经过授权的用户获取或修改。同时，在 PDM 中电子数据的发布和变更必须经过事先定义的审批流程后才能生效，这样就使用户得到的总是经过审批的正确信息。某些 PDM 系统还具有对异构数据的管理能力，即 PDM 系统可以对传统的以非电子化形式存储的数据进行管理，虽然对这种文件的管理无法达到对 PDM 内部数据管理的安全程度，但其安全程度至少也不低于传统的手工管理方式，同时这种管理方法还提供了更好的对非电子化数据进行查找和跟踪的能力。

2）产品结构与配置管理。

产品结构与配置管理是 PDM 的核心功能之一，利用此功能可以实现对产品结构与配置信息和物料清单（Bill of Materials）的管理。而用户可以利用 PDM 提供的图形化界面来对产品结构进行查看和编辑。在 PDM 系统中，零部件按照它们之间的装配关系被组织起来，用户可以将各种产品定义数据与零部件关联起来，最终形成对产品结构的完整描述，传统的 BOM 也可以利用 PDM 自动生成。PDM 系统通过有效性和配置规则来对系列化产品进行管理。有效性分为两种：结构有效性和版本有效性。结构有效性影响的是零部件在某个具体的装配关系中的数量，而版本有效性影响的是对零部件版本的选择。有效性控制有两种形式：时间有效性和序列数有效性。产品配置规则也分为两种：结构配置规则和可替换件配置规则。结构配置规则与结构有效性类似，控制的都是零部件在某个具体的装配关系中的数量，结构配置规则与结构有效性可以组合使用；可替换件配置规则控制的是可替换件组中零件的选择。配置规则是由事先定义的配置参数经过逻辑组合而成。用户可以通过选择各配置变量的取值和设定具体的时间及序列数来得到同一产品的不同配置。在企业中，同一产品的产品结构形式在不同的部门（如设计部门、工艺部门和生产计划部门）并不相同，因此 PDM 系统还提供了按产品视图来组织产品结构的功能。通过建立相应的产品视图，企业的不同部门可以按其需要的形式来对产品结构进行组织。而当产品结构发生更改时，可以通过网络化的产品结构视图来分析和控制更改对整个企业的影响。

3）生命周期（工作流）管理。

PDM 的生命周期管理模块管理着产品数据的动态定义过程，其中包括宏观过程（产品生命周期）和各种微观过程（如图样的审批流程）。对产品生命周期的管理包括保留和跟踪产品从概念设计、产品开发、生产制造直到停止生产的整个过程中的所有历史记录，以及定义产品从一个状态转换到另一个状态时必须经过的处理步骤。管理员可以通过对产品数据的各基本处理步骤的组合来构造产品设计或更改流程，这些基本的处理步骤包括指定任务、审批和通知相关人员等。流程的构造是建立在对企业中各种业务流程的分析结果上的。

4）集成开发接口。

各企业的情况千差万别，用户的要求也是多种多样的，没有哪一种 PDM 系统可以适应所有企业的情况，这就要求 PDM 系统必须具有强大的客户化和二次开发能力。现在大多数 PDM 产品都提供了二次开发工具包，PDM 实施人员或用户可以利用这类工具包来进行针对企业具体情况的定制工作。

5.7.2.5 数据管理系统

（1）系统概述

在众多类型的产品数据之中，BOM（Bill of Material，物料表）是一条管理主线，管好 BOM 就基本上实现了制造环节的产品数据管理。BOM 是"记载产品组成所需材料的表单"，后用于泛指以表单形式展现的各类产品数据组合。

（2）系统构成

BOM 中最主要的是工程 BOM、工艺 BOM 和制造 BOM 三种，相互之间的衍生转换贯穿了产品的全生命周期。全生命周期的产品数据包括很多内容，数据模型如图 5-2 所示。BOM 以产品结构为中心对各类数据进行统一管理，通过有效的版本控制和流程控制，基本实现了型号设计阶段数据的全生命周期管理。

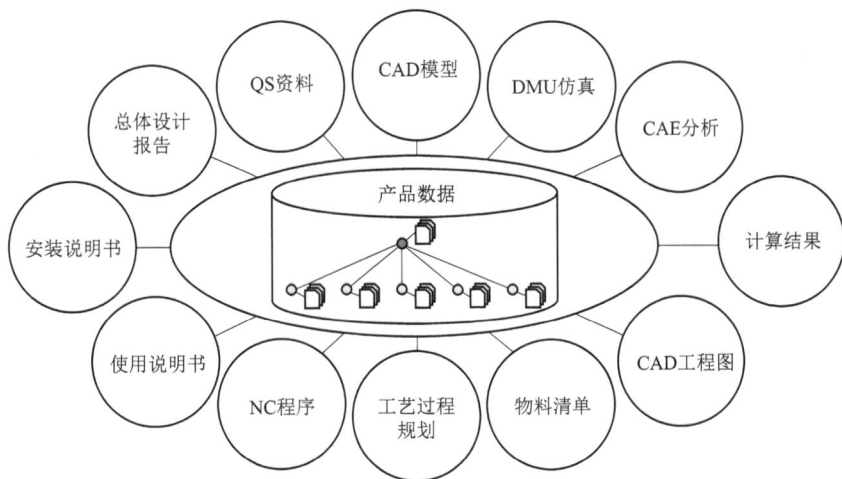

图 5-2　制造数据管理（BOM）全生命周期管理产品数据模型图

（3）系统功能

制造数据管理的主要作用在于帮助企业内的管理者完整而且有效率地管理每一项产品生命周期中所产生的一切信息资料。从产品的生命周期来看，产品的需求、规格、研发、设计、工程、制造、销售、服务与维护，每一个阶段所衍生出来相关资料，都应在 BOM 的管理范围内。管理者可从报表上轻易明了并掌握各阶段的工作状况和控管计划的时程。

5.7.2.6　产业集群系统

围绕园区装备制造业需求链，利用智慧制造中资源和信息共享、高效协作优势，建立多个开放的智慧创新技术企业和社区，开展制造服务互动交流，打造出园区具有商业竞争力的中小企业制造业产业集群。

5.8　社区综合服务平台

5.8.1　建设目标

社区综合服务平台面向社区居民，致力于提供关注民生的、形式多样的、便捷高效的一站式服务，提升社区居民的家园感和归属感。面向社区管理者，致力于将政府服务延伸到社区，减轻社区工作负担，提高社区的工作效率，节约行政成本。面向社区中介组织，致力于建设社区融合服务系统，让服务机构充分共享资源整合创造出的商业价值，从而带动社区服务产业的发展。

利用社区综合服务平台，可以广泛地开展各种业务，包括居民相互沟通的微信交流平台，为居民提供综合服务的各种群平台等。目前，类似项目已经有许多企业参与运营，甚至大多数都免费为居民提供 WiFi。这些项目将会有一个很好的运营空间，能帮助企业争抢更多的客户资源。

5.8.2　建设内容

智慧社区致力于建设"安全、安心、安定、安逸"的幸福家园，以改善社区的基础设施环境为基础，向社区管理机构、服务机构和居民提供融合的服务，建设政务延伸系统、智能物业系统、智能家居系统、生活服务系统、文化教育系统、出游服务系统、健康服务系统、养老服务系统七大系统。

5.8.2.1　建设政务延伸系统，提供便捷居民服务

政务延伸系统整合政府机构、公共事业单位和社会资源，集行政服

务、公共服务、便民服务为一体，并将涉及社区居民日常生活的多类便民服务项目进行有机组合和有效管理，为广大居民提供个性化、主动式的一站式服务全新体验。

5.8.2.2　建设智能物业系统，提供新型物业服务

智能物业系统的建设是通过在社区一些智能终端的落地，使社区居民感受到创新的服务。一方面可以使社区居民方便接受各种通知公告、便民服务等信息；另一方面可以使社区居民通过自助服务，实现社区居民和社区基层政府机构良性互动。

5.8.2.3　建设智能家居系统，提供良好家居环境

智能家居系统通过家庭安防、多屏合一等一系列服务系统的应用，实现服务的融合入户，形成宜居、幸福的居住环境。建立一套智能系统，将家电和家庭中其他的设备智能地联系在一起，统一操控，达到便捷的目的。

5.8.2.4　建设生活服务系统，提供居民生活便利

生活服务系统致力于提供给居民便利的生活服务，提高居民的生活满意度和归属感。通过邻里互助中心、自助服务站、本地电子商务、家政服务、食品药品溯源等系统建设，为社区居民提供生活的便利。

5.8.2.5　建设文化教育系统，提高居民生活品质

文化教育系统致力于丰富社区居民文化生活，倡导健康文明娱乐方式，打造社区居民终身教育系统。通过社区数字图书馆、社区教育培训系统的建设，让社区居民实现"终身学习"的愿望。建设社区招聘求职系统，让社区居民足不出户就能找到理想的工作。建设社区数字棋牌系统，倡导文明的休闲娱乐方式。

5.8.2.6   建设健康服务系统，保障居民健康

健康服务系统是以居民健康为主线，以六位一体的社区卫生服务系统为重点的智能健康社区系统。建设智慧卫生系统在社区层级的延伸，打造健康小屋，使居民在社区里就能享受到快捷的医疗服务，是改善社区卫生服务能力，提高社区卫生服务效率和活力，进一步满足社区居民日益增长的健康需求的重要手段。

5.8.2.7   建设养老服务系统，关怀老年人健康安全

养老服务系统是将养老的服务延伸到社区，使老年人足不出户也能享受到无微不至的关怀。可以实时监测老人的活动和居住环境状况，针对室内环境和老人的异常状况（行为）能够自动报警。系统能够自动生成老人的行为档案，支持远程实时查看老人的行动轨迹和位置信息及身体状况，支持老人通过互联网与外界的实时视频互动，用于远程的亲友交流和健康咨询。

5.9   建设运营模式

网络基础设施和云计算中心项目属于纯经营性和准经营性准公共物品，其保密性和系统性要求一般，赢利模式多样化，企业参与的积极性较高，该类项目适合采用政府引导市场化运作的模式。

网络信息安全和地理空间信息系统项目属于非经营性和准经营性准公共物品，其保密性和系统性较强，对参与企业要求高，该类项目适合采用政府投资运营的模式。

城市公共信息平台、企业融合服务平台、社区综合服务平台等项目都是综合性较强、投资较大、运营维护难的智慧城市项目，都是牵涉到多个重大项目并行推进的系统性工程。这些项目需要统筹力度较大，综合很

强，并且投资较大，政府财政压力大。该类项目适合采用政府购买服务的一揽子模式或 PPP 模式，由实力较强的企业做总承包，包括后期的运营维护，政府每年只支付购买服务的费用。这样既减轻了政府财政压力，也摆脱了政府运维的负担，同时还培养了企业，推动了信息产业的发展（见表 5-1）。

表 5-1　智慧城市建设运营模式选择参数表（1）

项目	纯经营性	准经营性	非经营性	公共物品	私人物品	准公共物品	公益性	保密性	系统性	运营模式
网络基础设施	√					√	强	中	中	政府引导市场化运作
云计算中心		√				√	中	中	中	
网络信息安全			√			√	强	强	强	政府投资运营
地理空间信息系统		√				√	中	强	强	
城市公共信息平台		√		√			强	中	强	政府购买服务一揽子模式或 PPP 模式
企业融合服务平台		√		√			强	弱	强	
社区综合服务平台		√		√			强	弱	中	

第6章　智慧城市专项领域建设运营模式

6.1　智慧政务

6.1.1　建设目标

搭建统一的政务网络平台、统一的政务云数据中心、统一的应用支撑平台，为智慧政务构建智慧的平台。完善传统电子政务应用系统，方便公众、旅游者、投资者和企业，提供一站式、智能化的服务，提升公共服务水平和改善城市投资软环境，创建服务型政府。全面整合各部门业务信息资源，以标准化服务的方式实现跨部门的联动业务，实现有序有联、有效共享，提高政府办事效率。完善政府绩效评估制度体系，增强公务员为民服务的意识和综合办事能力，实现"科技治庸"，提高政府公信力。领导决策依托各应用系统的数据进行综合分析，为领导做出即时决策提供依据，从而提高科学决策水平与能力，强化政府公众服务和社会管理能力。

6.1.2　建设内容

6.1.2.1　建设政务数据中心

采用虚拟化等新技术，通过整合、扩展、完善，建设政务数据中心，广泛推行基础设施共享服务、平台共享服务、应用共享服务，实现技术资源整合共享。

6.1.2.2　整合完善政务网络平台

整合各部门涉密网络，形成全市统一的涉密信息传输管理平台。大力发展内网决策指挥、办公管理、信息共享、业务协同等各类应用。严格按照信息系统分级保护要求，落实安全保密措施，完善身份鉴别、访问控制、责任认定体系，确保内网应用安全。

以现有电子政务内网、外网为基础，构建全市机关共享使用的高速骨干网络平台，整合各部门延伸到区、街道、社区和基层企事业单位的纵向网络，实现全市电子政务网络的统建统管。

完善城市政务网内容管理平台、政民互动平台和办事服务平台，整合部门网站服务资源，形成一体化的政府公共服务网站群，并逐步向统一网站过渡。

6.1.2.3　建设公共服务中心

根据城市智慧城市建设的整体目标和要求，建成较为完备的公共服务中心，通过"一卡"（市民卡）、"一页"（市民网页）、"一号"（统一呼号）、"一屏"（智能屏）、"一窗"（市民服务窗口）五大渠道，融合服务的融合服务支撑平台、应用融合管理平台和服务渠道管理平台三大平台，向市民提供信息资源全面整合的创新融合服务，实现信息服务无所不在，提高服务水平和效率，提升市民生活品质，提高市民幸福指数。

6.1.2.4 整合完善安全支撑平台

按照信息系统等级保护要求，完善以病毒防范、漏洞管理、入侵防范、信息加密、访问控制等为重点的安全防护体系；完善以安全审计、系统监控、接入控制等为重点的安全管理体系。

制定政务信息资源共享管理办法、目录体系和交换体系，建立健全重要政务信息资源采集、加工、管理、交换、共享、利用等相关制度和规范标准，整合人口基础信息数据库、法人基础数据库、空间地理信息数据库和宏观经济基础数据库四大基础信息数据库，促进部门间信息交换和共享服务标准化，为决策提供准确、规范、综合的数据和业务服务，为政务管理和服务提供完整、准确、及时的基础信息支撑。

6.1.3 建设运营模式

智慧政务项目属于非经营性准公共物品，其公益性、保密性和系统性都较高，赢利模式模糊，企业参与运营的积极性不高，该类项目适合采用政府购买服务的一揽子模式或者政府企业合作的 PPP 模式（见表6-1）。

表 6-1　智慧城市建设运营模式选择参数表（2）

项目	纯经营性	准经营性	非经营性	公共物品	私人物品	准公共物品	公益性	保密性	系统性	运营模式
政务数据中心			√			√	强	强	强	政府购买服务一揽子模式或PPP模式
完善政务网络平台			√			√	强	强	强	
公共服务中心			√			√	强	强	强	
完善安全支撑平台			√			√	强	强	强	

6.2　智慧公共安全

6.2.1　建设目标

基于公安部、省厅、市局科技信息化发展规划总体框架，结合城市经济社会发展和城市安全管理的需要，综合运用物联网传感、云计算技术、数据融合与数据挖掘、新一代综合通信等技术，以标准规范为引领，以"大情报"为龙头、以"省（市）公安云"等新型警务工作平台为核心，进一步拓展和夯实公安信息化基础设施，推进信息资源的高度整合共享、深度挖掘和综合开发利用，实现"资源整合一片云、视频指挥一张网、警务调度一幅图、业务应用一平台"的"全面感知、全警采集、大整合、高共享、全联通"格局，构建城市智慧公安领域日常管理、应急指挥、预防预警三位一体的监测、跟踪、预警、决策、指挥和快速反应体系，全面提高城市管理、安全防范、指挥决策和科技信息化水平，实现智慧公安的跨越式发展。

6.2.2　建设内容

基于公安部、省厅、市局科技信息化发展"十二五"规划总体框架，紧密结合目前信息化建设当中存在的不足，深度调研分析国内外警务模式发展模式，按照"升级改造基础设施、逐步整合数据、高度共享资源、推进深度应用、智慧化应用发展"的思路，构建"以'湖北公安云'为核心、以警务综合、部门间信息共享、社会信息采集、图像信息联网、警用地理基础信息（PGIS）等五大平台为支撑，以安全和运维管理为保障，以'大情报'为龙头，各业务系统应用关联共享"的信息化发展框架。

主要从以下几个方面着手进行城市智慧公安建设：

6.2.2.1　完善应用基础设施

（1）加大前端感知设施建设

利用各种感知手段和采集技术实现对城市公安领域实时感知、监测的全覆盖。在现有基础上加强视频盲点补点建设，使用高清摄像头，增扩建相关感知终端和智能采集终端，加强智能图像应用技术和高清视频显示技术研究及建设，如图像侦控技术、人像识别、图像增强、高清视频转码技术、运动物体识别技术、异常行为分析、海量视频存储和内容摘要等。增加移动警务平台数量，增配车载装备，包括图传、通信（PDA）、视频会议等。加强报警定位建设，提供路灯杆、短信报警等快速报警方式，与空间地理信息结合，解决报警定位问题。加快建设社会信息采集平台，全面整合社会企业、各类场所、服务行业等社会面信息。

（2）夯实网络基础

利用各种网络使信息互通互联，实现信息的整合与共享。升级扩建原有视频专网，建设覆盖全市的高清视频专网，升级网络交换设备，满足高清视频专网带宽承载的需求，为高清视频监控、高清视频会议做支撑。升级改造有线、无线网络，升级 350 M 模拟集群为数字集群。同时，加快建设部门间信息共享平台，畅通党政机关、司法、事业单位等部门的信息整合与共享渠道。完善安全边界接入平台和视频边界接入平台，为数据信息、视频资源接入提供安全保障。

6.2.2.2　围绕"省公安云"，建设智慧公安云平台

（1）建设公安云基础设施层

通过公安云的虚拟化、分布式云数据处理技术、数据交换和请求服务

等功能，将网络中大量不同类型的应用和资源协同起来工作，共同对全网提供信息化应用和服务功能。

（2）加强公安云专题数据库建设

公安云数据中心要加强包括人口库、法人库、空间地理信息库、视频资源库在内的四大基础数据库建设和应用，大力构建和优化各类专题数据库，扩大各类数据的共享覆盖面，建立数据更新维护机制，将公安各类业务信息、视频资源、空间地理信息、专题数据等汇聚到市局信息中心，最终实现全局"全面整合、全面共享"，为将来深度应用、智慧化应用发展奠定基础。

（3）新建并完善支撑服务平台建设

云平台中包括空间地理信息服务、信息比对、视频整合、海量视频检索、智能分析、运维管理等在内的公安应用支撑服务，对上层公安业务进行有效支撑。其中，社会治安视频监控平台将作为公共支撑服务，整合公安内外视频图像和卡口信息并存储在云数据中心中，同时基于视频整合之上的智能视频分析将作为云平台的公共服务，为应用服务平台中各条线智慧应用、全局智慧应用提供应用支撑；警用地理基础信息平台（PGIS）统一整合全省警用地理信息，警用地理信息库存储在云数据中心中，保证数据更新和叠加，空间地理信息服务为应用服务平台中各系统、平台提供数据，如定位与轨迹分析、电子沙盘等深度应用支撑服务，基于 PGIS 平台之上的各类应用在全局应用系统中体现。

（4）加强涉密网的支撑服务建设

涉密网部分则对如技侦、国保、网监等涉密网络进行数据的抽取、分析、整合服务。

6.2.2.3 深化提升业务应用

构建条线智慧应用、全局智慧应用和智慧门户服务平台为一体的应用服务平台，各警种按业务条线建成上下统一的综合业务工作平台，实现所有业务在综合业务工作平台上流转，并实现与大情报、警综平台、PGIS 等平台的对接。应用服务平台能综合各部门、各单位的信息，实现综合决策、协同联动，为城市管理部门提供更加科学、全面、智能的城市管理服务，为民众提供便捷、规范的服务。

（1）建设条线综合业务工作平台

对原有警种的各业务系统进行高度整合，建设条线综合业务工作平台，由单一业务系统建设向综合业务系统建设转变，实现跨业务、跨警种、跨区域信息共享与业务协同。全省建成统一的业务应用门户，共享一个登录界面，用户权限一次授予，全局通行，各业务系统之间数据关联整合，业务协同流转。条线综合业务工作平台包含各类条线智慧应用模块，主要包括：智慧指挥调度、智慧队伍管理、智慧内务管理、智慧督查工程、智慧侦查工程、智慧交管工程、智慧治安户政管理、智慧水域安全、智慧消防工程、智慧监管工程、智慧网监工程、智慧国保工程、智慧反恐工程、智慧技侦工程及其他智慧条线应用。

（2）完善全局智慧应用系统

全局智慧应用系统整合成三个综合应用平台，即大情报研判平台、警务信息综合应用平台、警用地理信息平台。其中警务信息综合应用平台为基层提供采录和复用各类人员、案（事）件、地址、组织机构等基础业务数据，完成各类通用业务管理、案（事）件办理的流程整合；大情报研判平台将各类统计、分析和研判功能以警种为单位进行整合，建设专业情报研判平台，通过公安云提供的基础设施和数据、软件服务丰富专业情报工作，形成专业情报到综合情报的汇总、提炼，综合情报到专业情报的督导、服务格局；警用地理信息平台则根据各警种业务需求，基于警用地理信息支撑服务深化各警种业务应用。

（3）加强智慧门户建设

智慧门户包括公共信息发布门户、网上警务室、便民服务中心、"平安城市"微博，用以为公众提供更便捷、及时的服务。

6.2.2.4　构建城市"智慧公安"标准规范体系

遵循包括基础网络标准、信息服务标准、安全标准等在内的已有国家标准，同时建立包括感知设备、编码技术、云基础等在内的技术标准规范、应用标准规范和运维标准规范，对"智慧公安"建设进行指导和规范；新建标准规范应充分考虑与城市智慧城市标准规范体系的衔接，为后续信息化建设的数据互联互通、交换共享打下坚实基础。

6.2.2.5　健全城市"智慧公安"安全保障体系

加强网络安全、信息安全保障体系建设，保障系统稳定、安全、持续、高效运行。优化完善安全技术基础设施，探索信息网络安全管理平台建设，拓展公安数字证书应用范围，建成公安信息网信任体系，提高网络和信息安全服务支撑能力。加强对应用系统、主机、数据库以及终端的安全管理，研发涉密计算机设备，提高公安信息网络的安全防护和管理能力，防止恶意攻击与信息窃取。

6.2.3　建设运营模式

智慧公安项目投资大，公益性、保密性和系统性都比较高，单独的小项目一般采用政府投资建设运营；规模大、综合性强且投资多的项目，一般采用政府融资企业建设运营的 BT 模式或政府购买服务的一揽子模式（见表6-2）。

表 6-2　智慧城市建设运营模式选择参数表（3）

项目	纯经营性	准经营性	非经营性	公共物品	私人物品	准公共物品	公益性	保密性	系统性	建设运营模式
八大基础设施			√	√			强	强	强	BT 模式或一揽子模式
公安云			√	√			强	强	强	
五大应用系统			√	√			强	强	强	政府投资运营或 BT 模式
两大体系			√	√			强	强	强	

6.3　智慧国土规划

6.3.1　建设目标

融合物联网技术、云计算技术、空间信息技术、通信技术等多种先进技术，以"一张图"数据资源为基础，以拓展智慧应用为导向，不断深化信息资源共建共享机制，深度挖掘利用和服务管理创新，提高信息平台支撑管理能力，建立国土规划智慧工作体系，构建集数字化、网络化、智能化于一体的"智慧国土""智慧规划"，实现国土资源和规划管理的"智慧感知、智慧融合、智慧分析、智慧决策、智慧监管、智慧服务"，全面形成国土资源和规划管理业务网上办公、审批、监管、交易和网上服务的新型管理方式，提高管理决策的科学化水平，提升政务信息网上公开与社会化服务水平。

6.3.2　建设内容

6.3.2.1　基础支撑体系

完善国土规划数据中心基础支撑环境。包括进一步完善市区两级国土规划基础环境，加强存储备份、服务器、基础软件等资源整合和设施集群，提高数据中心基础环境的集约化水平和服务能力，加强数据同城备份和异地备份场地与环境建设；建立国土规划监测指挥中心，通过大屏幕显示系统、三维仿真等技术，综合集成、分析、处理、评估各种信息，进行国土资源和城乡规划监管与应急管理，满足重大地质灾害等信息接收、处理、预测预警、应急决策、视频会商、现场和异地救援协调指挥。

以各事业单位内部业务系统为基础，建立健全国土资源和规划信息化基础支撑体系，为国土规划管理提供便捷完备的技术服务。要加强信息化测绘体系建设，进一步完善现代标准体系，提高地理信息实时化采集和智能化处理能力，实现基础地理信息的全覆盖，缩短更新周期，提高数据的现势性；推动规划编制、研究与设计过程的信息化，深化地理信息系统在规划编制、研究与设计中的应用，提高规划编制、研究与设计成果的规范化水平、可重用能力，提高成果的管理水平和利用效率；发挥信息化优势，用信息技术手段发展现代化土地资产经营管理、土地利用研究和土地登记服务，提高土地储备利用效率和交易综合收益，为社会提供优质登记服务。

6.3.2.2　调查评价和监测体系

积极利用新技术及关键技术集成创新成果，升级基于 3S 技术的国土资源调查评价监测技术和装备，缩短全覆盖的调查评价和监测周期，提高国土资源调查监测精细化程度，同时开展北斗卫星导航系统在调查评价和监测中的应用研究；开展物联网技术在覆盖基本农田保护区、重点地质灾害易发区和关键地区动态监测中的应用示范，探索建立智能化实时动态监测网络系统；加强遥感监测与基于 GPS 的土地利用外业调查技术集成，保障调查监测成果的客观性和现势性，推动年度变更调查走向实时监测监管。加强 3S 技术在城镇地籍调查和农村土地权登记中的应用，推进土地登记信息网络化实时上报和汇总；推进地质调查评价监测信息化，加强地质调查数据一体化描述、组织、综合、管理和处理的研发，加快地质环境评价信息化建设，加强信息技术在地下水资源开发利用潜力、地下水污染、矿山地质环境、城市地质环境评价中的应用。

6.3.2.3　智慧决策支持体系

充分利用丰富的数据资源优势和先进的技术手段，以数据中心为基础，开展数据挖掘，进一步提高数据处理和分析能力，发展决策信息系统。充分发挥地理信息技术在规划建设决策支持中的作用，建立包括城市用地变迁与空间演化研究、环境容量评价与门槛分析预测、基础设施与容量影响评价、生态环境与城市景观研究等信息系统，利用 GIS 的空间信息综合分析与直观表现能力，定性、定量地指导城市建设发展。加强城乡土地节约集约利用、土地价格、国土资源管理绩效等定量评估的指标体系研究，探索构建面向特定目标的国土资源空间决策模型，实现对资源管理绩效、耕地保护、土地优化利用、矿产资源安全保障的定量评估与科学决策。

6.3.2.4　智慧监管体系

以基础地理信息、调查评价信息、规划编制信息、管理审批信息、遥感信息等数据库为基础，加强国土资源和城乡规划管理与开发利用全过程信息的动态监测与整合，强化数据综合分析挖掘；结合行政效能电子监察系统的推进，建立健全覆盖全市的国土规划管理业务监管系统，覆盖管理各环节，实时动态监控业务办理情况；积极完善监管系统覆盖面，对线路状态、设备状态、服务状态、工作状态等内部事务运行状态进行动态监控；创新国土规划批后监管方式，建立健全批后动态监管系统，对建设项目落地情况实施在线督察；建立集信息采集监测、智能分析、视频通信、在线指挥于一体的智慧监管信息系统；制定完备的智慧监管工作体系。

6.3.2.5　政务公开和在线服务体系

建立健全信息公开与发布制度。通过建立健全政府信息公开制度，加快推进国土资源和城乡规划政务信息公开，为社会公众获取政府信息提供便利。编制国土资源和城乡规划政务信息公开目录，加强对国土资源规划、政策、办事程序和项目审批结果等政务信息的网上公开。建立监督机制，对信息公开的情况进行社会监督。

进一步提升多元化的国土资源和城乡规划信息化服务能力。采取有效措施，以多种渠道、多种方式、多种终端，满足社会对国土资源和城乡规划信息多元化的信息需求，建立触摸屏、大屏幕、电子阅览室、网络视频会议，提供国土资源信息查询服务、演示服务和远程会商服务。

6.3.3　建设运营模式

智慧国土规划大多数项目属于非经营性公共物品，其保密性要求高，企业参与经营的积极性不高，该类项目多数需要政府投融资、企业参与建设（见表6-3）。

表6-3　智慧城市建设运营模式选择参数表（4）

项目	纯经营性	准经营性	非经营性	公共物品	私人物品	准公共物品	公益性	保密性	系统性	建设运营模式
基础支撑体系			√	√			中	强	中	政府主导企业参与或BT模式
调查评价和监测体系			√	√			中	强	中	
智慧决策支持体系			√	√			中	强	中	
智慧监管体系			√	√			中	强	中	
政务公开和在线服务体系		√		√			中	强	中	政府投资企业参与或一揽子模式

6.4 智慧交通

6.4.1 建设目标

围绕智慧城市规划的总体要求，根据城市规划交通发展目标，基于物联网、车联网、移动互联等新技术，通过强化顶层设计，推进信息共享，加强服务整合，达到交通信息的即时获取与管理，实现部门之间业务协同，使传统的交通模式变得更加智能化，实现车辆智能化，将交通流量调整至最佳状态，为城市的经济社会发展提供更安全、更高效、更便捷、更可靠、更绿色的道路运输服务，更好地为提高城市管理水平提供服务。

6.4.2 建设内容

依据城市智慧交通的建设目标，确定城市智慧交通的建设任务和内容为"三大应用中心，一个交换平台，十二个应用功能集群，二十个基础系统"。

三大应用中心：建设城市交通信息中心、交通运行指挥中心和交通监控指挥中心。

城市交通信息中心的功能定位是交通信息采集与汇聚中心、交通信息分析与挖掘处理中心、交通信息交换与共享中心、交通信息源提供与发布主渠道、交通信息中心日常业务与管理工作支撑中心。依托城市交通信息中心，构建城市交通信息服务体系、智慧公交都市出行一体化服务体系、区域与城市相结合 ITS 交通信息源。

交通运行指挥中心属于城市交通运输委员会，重点开展城市道路交通运行分析，包括区域交通、城市交通等运行监管，高速公路网络、城市道路网络、公交线路网络、轨道线路网络、出租车布局、城际间枢纽场站等客流/物流运行状况监管。

交通监控指挥中心主要实现对交通安全、交通秩序情况、交通情况的监控，并实现数据的共享与交换。交通监控指挥中心的功能实现主要通过交通安全、交通秩序情况、交通通行情况、交通安全情况等指标体系反映出来。

一个交换平台：城市交通信息交换平台。智慧城市的信息交换平台，可以有效地解决各部门"信息孤岛"问题，最大限度地实现信息资源共享和利用，为各个系统访问和使用创造便利，提供信息交换功能、交通管理及应急仿真决策，从而实现交通信息交换的全面智慧化，推进全国智慧交通的社会信息化。

十二个应用功能集群：按照行政体系的不同可以分为三个方向。

- 交通管理：交通监测、信号控制、指挥调度、信息服务。
- 交通运输：营运管理、智慧停车、基础设施、电子收费。
- 数据中心：应急指挥、渠道管理、信息融合挖掘、车联网。

二十个基础系统：视频监控系统、事件检测系统、违法监测系统、交通数据采集系统、气象监测及预警系统、城区交通信号控制系统、城市快速路信号控制系统、公交优先信号控制系统、指挥调度系统、信息发布系统、停车场诱导管理系统、出租车运营调度管理系统、公交运营调度管理系统、营运车辆安全监控管理系统、长途客运运营调度管理系统、道路基础设施管理系统、电子收费系统、客流信息采集系统、交委监控指挥调度综合平台、综合交通信息分析与处理平台系统。

6.4.3　建设运营模式

智慧交通项目属于准公共物品、准经营性项目，其公益性较强，保密程度低，部分项目可经营性较强，大部分项目可以充分利用社会资金，采用市场化运作方式，只有小部分项目需要政府投资（见表6-4）。

表6-4 智慧城市建设运营模式选择参数表（5）

项目	纯经营性	准经营性	非经营性	公共物品	私人物品	准公共物品	公益性	保密性	系统性	建设运营模式
三大应用中心		√				√	√	弱	中	政府投资或融资企业建设运营
一个交换平台		√				√	√	弱	中	
十二个应用功能集群		√				√	√	弱	中	政府引导市场化运作
二十个基础系统		√				√	√	弱	中	

6.5 智慧社区

6.5.1 建设目标

提升社区服务信息化的深度开发与综合利用水平，深化完善各社区公共服务信息系统，提高社区服务管理智慧与决策的反应能力。在各社区中安装各种数据传感器，实现全方位的感知，从而深化城市基础设施体系和社区服务体系。总结示范建设的经验，在城市全面开展智慧社区的建设工作，引导开发商和企业积极参与，引导物业管理机构参与升级改造已建成的智能化社区，实现城市所有社区的智慧化建设目标。

6.5.2　建设内容

以"智慧社区"第一批示范试点项目建设为重点，近期任务具体可概括为"完善基础设施建设、建设智慧社区的统筹公共服务、区内服务、家庭自我服务中的六大应用系统、健全智慧社区的标准体系和安全体系两大体系"。

智慧社区基础设施建设，包括社区基础环境建设、社区网络及传输环境建设。

六大应用系统，即联动式社区安全应用建设应用、智慧物业管理系统、社区便民健康服务系统、智慧社区养老系统、"便民通"电子商务平台、智慧家居服务。

两大体系，即大力构建城市社区领域标准规范体系、升级完善安全体系，为各类资源和数据安全接入、交换、整合、共享奠定坚实基础。

在城市智慧社区示范项目建设的基础上，进一步完善应用基础设施、智慧支撑服务和智慧应用，实现将社区建成资源节约、环境友好的绿色社区，人文宜居、文明安详的宜居社区，社会和谐、民生幸福的幸福社区，促进城市的发展和进步的智慧社区。

在"智慧城市"总体规划与设计的框架范围内，建设城市智慧社区的基础环境、传输环境、应用管理环境，建设智慧社区的统筹公共服务、区内服务、家庭自我服务三大体系。

6.5.2.1　智慧社区基础设施建设

（1）基础环境建设

基础环境建设，包括进行基础的硬件环境、基础数据库的建立，同时进行技术标准、政策支持、保障体系等的制定和发布。

智慧社区的基础设施建设主要是物联网基础设施，以及网络基础设施的建设。要在社区搭建智慧服务的物联网感知体系，为将来的业务提供支持。要构建物联网，必须布设各种物联网感知层的传感设备，建设可靠安全的传感网。

（2）网络及传输环境建设

智慧社区基础设施，首先要网络基础设施的支撑，在现有的城域网的基础上，进一步建设覆盖城区的无线宽带网、数据语音网、有线电视网，为智慧社区建立所需的数据传输和信息共享提供信息通道，推进光纤入户到每一个家庭，并实现三网融合，实现高带宽广覆盖、可以承接海量数据的应用，并且跨网络可以协同工作的网络。未来智慧社区还将构造泛在网，让社区人和服务能在任何地点、任何时间、采取任何方式都可以实现信息的通信或者信息的应用。目前要积极推动 WiFi 进社区，构建社区移动网络，将来发展就是能够达到 4G 网络或者更先进的网络。

（3）应用管理环境建设

建立市区级管理管理平台，建立社区的各种应用系统，如物业服务管理信息系统、社区人口管理信息系统等各种管理应用系统的建设。

6.5.2.2　智慧社区统筹公共服务方面

（1）智慧城市社会创新管理延伸体系（见图6-1）

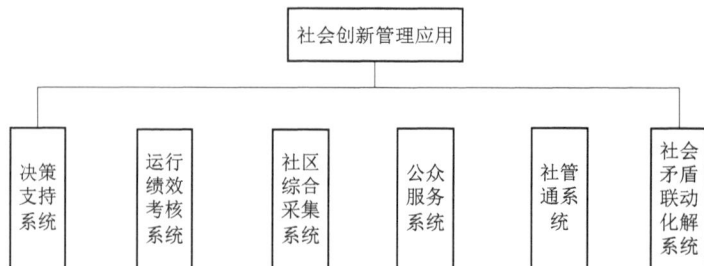

图 6-1　社会创新管理应用架构

1）决策支持系统。

以人口数据和办公数据为基础，进行综合统计与分析，通过丰富多样的图表曲线，直观清晰地展现发展动态，通过对数据的深度挖掘，发现城市管理和服务的规律、特点以及发展趋势，进行动态预测预警，为市领导宏观决策提供辅助决策支持。

2）运行绩效考核系统。

运行绩效考核将进一步提升社会管理水平和公共服务能力，大力推进社会管理工作创新，运用现代管理理念和信息技术，涵盖市、区、街道、社区及各职能部门四级指标体系，动态反映各项指标工作轨迹，实时做出考核评价。

3）社会矛盾联动化解系统。

完善、升级现有社会矛盾联动化解系统。以矛盾排查机制、矛盾化解机制、工作运行机制、监督考查机制为依托，力争在基层社区实现"社情全摸清、矛盾全掌握"。通过社会矛盾联动化解系统，真正实现"小事不出社区、大事不出街道、矛盾不上交"的工作目标，有效维护全市的社会和谐稳定。

4）社区综合数据采集系统。

升级现有社区综合数据采集系统，全面覆盖各专业部门在社区的全面信息采集。

5）社会公众服务系统。

社会服务网站群是为居民提供一个互动的平台，网站由为全市的统一建设的公共服务在线和为各社区建设的子站两部分组成。网站群采用统一规划、统一标准为各个社区建设网站，通过网络把各个社区连接起来，实现社区与居民彼此间的交流和互动；借助于互联网，及时向居民传递各类实用信息，包括政府、商业、益民信息等；整合社会资源，共同为居民提供各类利民便民服务。

6）社管通系统（手机终端）。

网格员"社管通"专用手机系统是平台的信息采集方式之一。主要用于实现社区网格员在自己的工作区域内将发现的问题向信息平台进行上报。该系统依托移动设备，完成社区管理问题文本、图像、声音和位置等信息实时传递。完善、升级现有社管通系统，使得网格员更方便的使用。

（2）便民健康服务应用建设

社区健康服务应用建设是构建以电子病历为基础、居民健康档案为核心的医疗健康平台，设立区域数据中心，实现电子病历与健康档案信息的统一管理，并依托此平台，开发健康驿站、双向转诊、健康自助门户等社区健康服务应用系统。

医疗健康平台涉及的主要工作内容及关键技术包括以下几点：

1）全生命周期的医疗健康服务体系。

面向医疗机构、公共卫生机构、行政管理机构、社区服务机构的不同对象，构建全天候、全过程、全生命周期的医疗健康服务体系，形成以社区居民为核心，以居民电子健康档案为基础，以医疗服务为基础服务，以健康管理为重点工作，足不出户、无所不在的医疗健康服务体系。

2）社区健康自助服务全管理。

在医院和社区卫生服务中心部署健康驿站，并结合医院的健康管理中心，实现社区职工与居民的自我健康管理，形成健康信息自测采集、评估、跟踪、查询，以及健康服务的指导与监督，从而为居民提供更加健康与科学合理的膳食养生与运动保健服务。

3）可视化资源综合查询与展示。

结合社区的综合服务信息系统和社区门户网站，发挥平台与驿站的信息高效化、标准化的优势，结合社区首诊的便利优势，开展医疗信息、健康信息、宣传信息的实时动态发布，以及个人健康档案的综合查询与管理。

4）一体化双向转诊服务。

利用社区居民的定点医保医院和社区卫生服务站，开展横向（医疗机构之间）与纵向（医疗机构与社区之间）的互相结合、相互补充的立体化、一体化的双向转诊服务，真正做到"小病到社区，大病到医院，康复回社区，健康进家庭"的服务宗旨，让居民享受到"社区首诊"和"社区康复"的便利服务。

（3）智慧社区养老

"智慧社区养老"是借用现有机构养老、社区养老和居家养老等传统养老模式，并在此基础上，在养老服务模式、技术模式和管理模式上的探索和创新，整合现有各种养老资源，提高养老服务的信息化水平。

在建设社区养老站的基础上，将社区养老和居家养老整合成一个有机的整体，构建一键式养老服务热线、一键式紧急救助呼叫系统，建设养老综合信息服务平台。结合老年人贴身传感器，在危急时刻，自动报警呼叫。养老综合信息服务平台实时接收老年人各种诉求，对社区养老服务站的各种活动室进行智能预约、安排，实时发布老年人娱乐活动信息。

构建完善的居家养老服务体系，采用先进的物联网技术，时刻感知老年人的生活状态，全方位关注老年人的生活起居。利用老年人的贴身传感器可以对其日常行为和轨迹进行全程监控，防止老年人走失、发生异常状况，及时对老年人做出相关提醒（如用药）。家庭智能洁身机器人能保证卧床老人的日常清洁护理，在给老年人提供舒心服务的同时，也维护了老年人的尊严。

（4）智慧社区安保

采用新兴的安保科技，结合智能分析技术和信息推送手段，主动发现和预防安全事件，安全提醒服务主动通知到人，构建城市各社区内安保系统联动体系，以社区内安保系统和安保数据库作为构建智慧城市安保系统的基础之一，提供区级、市级公安系统调阅社区安保数据库和调用社区安保装置的接口，为上级公安系统破案、加强城市安全管理提供分析依据。

（5）智慧社区区域环境保护

建设社区内和社区周边环境监测体系，包括水资源、噪声、空气、垃圾等监测体系，并在社区和社区综合平台上实时播报，建设老百姓环境投诉平台，为城市环境问题的管理提供依据。

（6）智慧社区便捷出行体系

建设以社区家庭和社区停车场为起点的一条龙式统一交通服务体系：通过家庭公共交通查询台和预约服务、楼宇电梯预约服务、社区出入口智能门禁、社区公共交通服务站（提供包括出租车预约、公交车或地铁行驶预报等服务），使人享受到方便快捷的出行服务；通过家庭、社区、车载实时路况反馈和查询服务及社区车辆服务系统、不停车出入系统等系统提供的服务，使驾车出行畅通无阻。

6.2.2.3 智慧社区内部管理和服务方面

（1）智慧社区安保

除目前社区已普遍建设的电子巡更系统、周界防范与报警系统，还将增加出入口管理系统、停车管理与诱导系统、智能门禁系统等，升级电视监控系统到智能视频监控系统，以增加社区的安全性和智能化程度。通过实时智能分析技术、大规模数据存储技术和数据分析挖掘技术，还可以把这些信息联动起来，对安全环境进行智能分析，并将分析结果上报预警中心，防患于未然。

（2）智慧社区物业管理

建立社区建筑、物业设施设备的维护管理的自动监控和集中管理，在此基础上结合对业主信息和工程文件资料的集中管理和分析，应用三维技术实现三位一体的智能物业管理平台。远程抄表、缴费自动提醒、自助缴费、基础设施监控、自动预警报修和自动保护等综合服务将使人们的生活更加方便、快捷、安全；同时还提供如电梯预约、指纹识别出入、不停车出入的特色的人性化服务。

（3）智慧社区电子商务

建立社区电子商务平台，为居民提供社区周边和市内各种商务活动、交易活动、金融活动的信息发布，提供网上购物、网上交易、电子支付功能，并实现上门的或货到社区的配送服务。

（4）智慧社区家政

建设统一的社区家政信息服务平台，对社区家政提供的各项服务进行分类，规范各项服务的流程和价格，发布家政服务人员的健康情况、培训情况和一些个人信息，使社区居民能够享受到安全、明白的家政服务；为社区居民提供方便的预约服务和投诉建议途径。

建设智能科学的家政管理平台，采用最优化排班，实时跟踪家政服务人员的服务路径，准确预报用户等待时间，让用户等待时间最短；对用户需求偏好进行分析并进行需求的挖掘，为用户提供量身准备家政服务。

6.2.2.4　智慧社区家居生活方面

（1）智慧家居

智能家居系统由灯光控制子系统、窗帘控制子系统、背景音乐控制子系统、可视对讲和安防报警、家电控制管理系统等组成。智能家居利用总线技术，将与家居生活相关的通信设备、家用电器和家庭安全防范装置等有机结合在一起，通过远程遥控和智能感应等各种管理方式，让家居生活更加舒适、安全、有效；通过"数字家庭"，还提供多样的家庭娱乐和信息服务，包括网上观看展览等特色服务；通过专用的家庭健康设备，让居民在没有医生的情况下也能了解自己的健康状况。

6.5.3　建设运营模式

智慧社区项目属于准经营或纯经营性项目，公益性较强，企业参与的热情较高，可以充分考虑利用社会资金开展智慧社区建设（见表6-5）。

表6-5　智慧城市建设运营模式选择参数表（6）

项目	纯经营性	准经营性	非经营性	公共物品	私人物品	准公共物品	公益性	保密性	系统性	建设运营模式
基础设施建设		√				√	强	弱	弱	BOO
六大应用系统	√					√	强	弱	弱	政府引导市场化运作
两大体系			√	√			强	弱	弱	政府主导企业参与

6.6　智慧医疗

6.6.1　建设目标

构建以"一网、一平台、三体系、五应用"为蓝图的智慧医疗卫生框架体系，确立、更新、管理和使用与患者病种相关的信息，形成信息丰富完整、跨服务部门、以患者为中心的医疗信息管理和服务体系。为城市医疗服务、公共卫生和行政监管等方面提供全天候、全覆盖、全方位的技术支撑，打造无所不在的全生命周期自我健康医疗管理服务和公共卫生服务。

形成完善的城市医疗卫生服务体系，实现居民就诊"小病在社区，大病进医院，康复回社区，健康进家庭"。形成集共享、发布、调度、指挥、决策为一体的，全面、高效、便捷、快速的市级、区级智慧医疗卫生信息平台信息联通与共享服务架构，使医疗卫生管理达到国内一流、国际领先水平。建立完善的医疗科技成果转化机制，形成一批拥有自主知识产权、技术水平国际领先的重大科研成果，促进医疗领域行业产业链的形成与完善。

6.6.2　建设内容

对照国家"3521"工程，以及城市实际情况，初步完成城市智慧医疗卫生领域的"一网、一平台、三体系、五应用"总体框架建立，实现在城市智慧医疗卫生示范区域内所选择的试点医疗卫生机构之间居民电子健康档案（含电子病历）数据的互联互通、居民健康卡医疗卫生服务"一卡通"、医疗服务业务的协同管理，从而切实改善和缓解城市民"看病难，就医贵"的问题。

城市智慧医疗卫生领域的"一网、一平台、三体系、五应用"总体框架包括如下：

一张网络：智慧医疗卫生专网。在智慧医疗卫生专网建设过程中，将充分考虑到与智慧城市其他领域网络的融合性、共享性和安全性的问题，实现整个智慧城市网络的传输与安全统一管理。

一个平台：智慧医疗卫生信息平台。概括为"两级三类"，即运用云计算、云存储技术构建市、区"两级"智慧医疗卫生信息平台，基于电子病历和居民健康档案两大基础数据库的医疗、公卫、管理"三类"智慧医疗卫生云服务。

三套体系：基础支撑体系、标准规范体系和安全保障体系。

基础支撑体系主要包括运行支撑平台和基础设备层。

运行支撑平台在基础支撑体系中处于承上启下的位置，提供云计算和云存储功能，解决分散资源的集中管理以及集中资源的分散服务问题，以有效支撑各类感知资源和数据实现面向服务的按需聚合应用，支撑高效能海量数据的分析处理。

运行支撑平台一共分为两大组成部分：一是基础中间件，提供资源虚拟化中间件、应用服务中间件、数据库中间件；二是运行支撑，其通过向下实现对基础设施的有机整合，支持按需动态地提供计算和存储资源。

基础设备层提供智慧医疗卫生信息平台最基础、最重要和最核心的硬件设备。

遵循"统一规范、统一代码、统一接口"的原则，建立标准规范体系，真正实现信息资源的充分共享和利用。

标准规范体系。标准规范应该贯穿于医院信息化建设的整个过程，系统建设必须遵循相应的规范标准来加以实施，保证多部门（单位）、多系统、多技术，以及异构平台环境下的信息互联互通，确保整个系统的成熟性、拓展性和适应性，规避系统建设的风险。

主要包括：智慧医疗卫生标准体系、电子健康档案以及电子病历数据标准与信息交换标准、智慧医疗卫生系统相关机构管理规定、居民电子健康档案管理规定、医疗卫生机构信息系统介入标准、医疗资源信息共享标准、卫生管理信息共享标准、标准规范体系管理等建设内容。

安全保障体系。从六个方面建设安全保障体系，包括物理安全、网络安全、主机安全、应用安全、数据安全和安全管理，为智慧医疗卫生系统安全防护提供有力技术支持，通过采用多层次、多方面的技术手段和方法，实现信息安全保障。整个体系的构建遵循系统安全工程过程开展。

五类业务应用系统：医疗服务类、公共卫生类、医疗保障类、用药监管类、综合管理类业务应用系统。

医疗服务类：按照城市智慧医疗卫生服务框架，结合国家卫生体系的划分，面向卫生医疗机构的服务体系的建设。主要包括电子病历共享、远程会诊、网上预约挂号、远程会诊等系统，提升医疗服务水平。

公共卫生类：公共卫生的主要特点是针对公共卫生专业机构，核心是了解人群健康和干预人群健康、保护人群健康。主要包括卫生应急指挥、疾病预防控制、急救一体化管理和公共居民健康自助门户等系统。通过公共卫生信息化将使公共卫生服务水平进一步提升，全方位了解人群基本健康，及时干预人群存在的健康问题，整体提高人群的健康水平。

医疗保障类：指导医疗机构改革，拟定并组织实施全市医疗技术、重点专科发展规划、医疗管理制度、技术操作规程和医疗质量标准；负责监督医疗机构的医疗质量和服务质量；负责医疗机构和从业人员的监督管理；协助做好重大突发事件、自然灾害的医疗救护及应急指挥。为卫生管理人员提供帮助他们进行科学决策的环境和工具以及所需的信息。

主要包括新农合系统和医保信息系统。新农合系统对新型农村合作医疗中产生的数据进行采集、存储、处理、提取、传输、汇总和加工，为新农合工作的整体运行提供全面、综合管理的信息管理系统。医保信息系统利用城市智慧医疗卫生信息平台实时获取诊疗数据，通过医保结算审核系统使用医保审核规则（包括管理规则和临床规则）来审核骗保现象，为医保节约资金，节约的资金可以用于扩大医保覆盖率，提高医保报销额度等利民政策。

用药监管类：为在采购、开药和用药整体环节达到"不敢犯错，不能犯错"的效果，需要建设合理用药电子预警管理平台和用药管理系统。

合理用药电子预警管理平台的功能主要是实现药品使用和归总等环节的管理，即事前预警、事中控制、事后分析，从而为医生在看病诊疗过程中对药品的使用提供辅助。

用药管理系统主要实现医院对医疗服务药品的筛选、质量管理、采购管理和库存管理。包括药品采购、使用和归总等环节，即事前采购、事中开药辅助、事后用药情况查询，从而规范医生诊疗服务行为，促进合理用药和行业作风的改进。

6.6.3 建设运营模式

智慧医疗项目属于非经营性准公共物品，且公益性较强，企业参与运营的积极性不高，该类项目一般考虑政府投融资、企业参与建设运营的模式（见表6-6）。

表6-6 智慧城市建设运营模式选择参数表（7）

项目	纯经营性	准经营性	非经营性	公共物品	私人物品	准公共物品	公益性	保密性	系统性	建设运营模式
智慧医疗卫生专网			√			√	强	中	中	政府投资或融资企业建设运营
智慧医疗卫生信息平台			√			√	强	中	中	
三套体系			√			√	强	中	中	
五类业务应用系统			√			√	强	中	中	

6.7 智慧物流

6.7.1 建设目标

借助于"智慧城市"建设契机，依托物联网、云计算和EDI技术，依托卫星系统，筹划建设区域性智慧物流公共数据存储中心、数据交换中心、数据处理运用中心、物流信息数据异地灾备中心，鼓励物流企业和物流园区进行信息系统开发，提升物流企业和物流节点信息化应用水平，建设"区域物流信息中心"，促进物流信息服务业集聚，打造智能物流信息服务示范基地。

6.7.2　建设内容

6.7.2.1　建设智慧物流网络，打通物流环节的各个节点

建设智慧的物流仓储体系：智慧的物流仓储强调数据智慧化、网络协同化、决策智慧化。数据智慧化就是使用智慧化的设备，比如说传感器、电子标签、GPS 等最先进的技术来构筑一个先进的、能够及时收集信息并及时把信息回馈给组织的系统。网络协同化，就是要与合作伙伴进行信息的共享。决策智慧化是指一旦有了这些数据以后，可以在供应链上进行分享分析，通过分析数据来真正地理解数据的价值。

建设现代化的物流配送体系：实现物流配送手段机械化、自动化和现代化。物流配送采用如立体仓库、旋转货架、自动分拣输送系统、悬挂式输送机等高效、多功能的物流机械，实现物流配送管理现代化、规范化、制度化。实现物流配送信息化，表现为物流信息收集的数据库化和代码化，物流信息处理的电子化和计算机化，物流信息传递的标准化和实时化，物流信息存储的数字化等。

多式联运。推进水、公、铁、空多种方式的协同联运。依托铁路、口岸、公路、航空等交通运输设施，大力发展水水联运、水陆联运、公铁联运、公空联运、铁空联运等多式联运方式，推进城市水、公、铁、空多种运输方式的高效无缝连接，提高运输效力，降低物流成本。

　　强化信息采集系统、信息通信系统和信息化软硬件支撑平台的建设，形成互联互通的智慧信息网络。以智慧物流载体网络和智慧物流信息网络为主体，实现物流感知数据在更广范围内的采集，促使物流信息在更多主体之间的共享，物流业务在更畅通的载体上运作。

6.7.2.2　建立物流信息平台，整合多方物流信息与资源

　　构建城市物流信息平台，通过该平台改进和优化物流信息流程，建立科学的物流运作与服务规范和信息交换标准，提高物流业务的服务效率和水平，降低社会物流成本；建立完善、高效、可靠的物流信息系统，为物流企业提供良好的信息环境；整合政府机构、金融机构、检验机构、保险机构、物流公司、贸易公司等多平台信息，实现数据的实时交换。该平台将建设成为物流业的运作中心，集物流信息采集、在线交易、智能配送、运输过程控制与优化、货物实时跟踪、在线客户服务、资金结算、数据交换和信息发布等主要功能于一体，实现物流运作的全流程电子化交易和在线客户服务。通过该平台可以连接市内各个物流园区信息系统，做到真正的信息共享。

　　继续推进第四方物流市场建设，将第四方物流市场建设成为全国重要的公共信息和交易平台；积极发展政府主导的公共服务平台和公共数据中心；引导企业参与建设公共应用平台和专业化应用平台，努力构建智慧物流公共信息服务平台。

6.7.2.3　打造物流金融一体化平台，完善物流金融服务

　　以物流业发展趋势和金融服务需求为导向，强化金融创新，拓宽融资渠道，创新物流监管、货押授信的模式，完善物流金融服务体系，全面提升物流金融服务供给能力，为物流业转型升级提供有力支撑。

　　搭建物流业融资平台，打造物流金融一体化平台。支持成立主营物流

金融业务的专业性物流银行，为物流行业提供专业融资平台。建立金融机构与物流企业之间的沟通联系机制与平台，引导金融机构加强对物流业的信贷支持。鼓励第四方物流运营主体与金融机构、担保机构开展合作，为会员企业提供仓单质押贷款、支付结算、信用增级、融资补贴、收款质押贴现等增值服务。

6.7.2.4　形成"一核、两带、三系统、多节点"的物流产业空间布局

三大物流通道系统协作紧密，市物流信息中心运转高效，信息互联共享于市内各个物流园区，全市物流业发展水平达到国际先进水平，成为全国区域性物流中心城市、中部地区物流节点城市和物流产业核心服务区。

"一核"，即物流服务核心区，包括区域物流信息中心、物流技术研发中心和物流人才实训中心。

"两带"，即物流节点设施集群带："横向集群带"和"纵向集群带"。

"三系统"，即陆路（公路、铁路）物流通道系统、港口物流通道系统、空港物流通道系统。

"多节点"，即按照集约化、规模化原则，按物流园区、物流中心和配送中心三个层次规划布局"4—11—4"共 19 个物流节点，并依托商务部"万村千乡"工程、科技部农村农产品物流信息化工程、全国供销系统新网工程和邮政速递网络，在主要乡镇改造或新建物流配送站，搭建覆盖农村物流配送网络系统。

6.7.3　建设运营模式

智慧物流项目属于纯经营性私人物品项目，保密要求不高，该类项目适合政府引导市场化运作（见表 6-7）。

表 6-7   智慧城市建设运营模式选择参数表（8）

项目	纯经营性	准经营性	非经营性	公共物品	私人物品	准公共物品	公益性	保密性	系统性	建设运营模式
智慧物流网络	√				√		中	弱	中	政府引导市场化运作
物流信息平台	√				√		中	弱	中	
物流金融一体化平台	√				√		中	弱	中	
一核两带三系统多节点	√				√		中	弱	中	

6.8   智慧水利

6.8.1   建设目标

依据省（市）水利规划的要求，结合城市水利建设发展规划，建设融合现代电子技术、通信技术、物联网技术、云计算技术、信息技术等多种先进技术为一体的智慧水利管理系统，完善智慧水利基础设施和应用系统，为城市防洪减灾、水资源供给、水环境等几大体系的建设提供技术保障，提升城市水利综合管理的能力和水平，以水利信息化促进水利现代化，进一步增强智慧水利对城市经济快速发展的促进作用，使智慧水利成为智慧城市系统的重要组成部分。

6.8.2   建设内容

城市智慧水利是应用传感器技术、通信技术、云计算及物联网等前沿科技，实现对水利水文的实时监测、预警预报、综合调度和管理的信息化的工程。

其建设内容包括以下几个方面：

（1）智慧水利信息基础设施建设

1）完善备用水源的建设。

2）在全市辖区各监测站点、江河湖泊、城市管网、水利建筑物等安装所需的传感设备以及设施控制设备。

3）全市辖区监测及控制设备的监测点选择及安装。

4）完善自动化水质监测系统。

5）完善污水处理系统。

6）安装网络视频监控设备。

7）完善节水灌溉设施。

8）完善信息传输网络。

（2）六大应用系统的建设（见图6-2）

1）防汛抗旱系统。

防汛抗旱系统是以信息技术为基础，运用各种高新科技手段，对区域内的各类水资源相关信息进行实时采集、传输及管理；以现代水资源管理理论为基础，以计算机技术为依托对区域内的水资源进行实时、优化配置和调度；以远程控制及自动化技术为依托对区域内的工程设施进行控制操作。

防汛抗旱系统包括信息采集系统、综合预警预报系统、决策会商系统、水利设施控制及反馈系统、应急抢险救援系统五部分。其中，信息采集系统包括基础信息采集、水雨情信息采集、水质信息采集、土壤墒情信息采集和气象信息采集等模块；综合预警预报系统包括信息综合分析处理、灾害预警预报、进程趋势预报等模块；决策会商系统包括

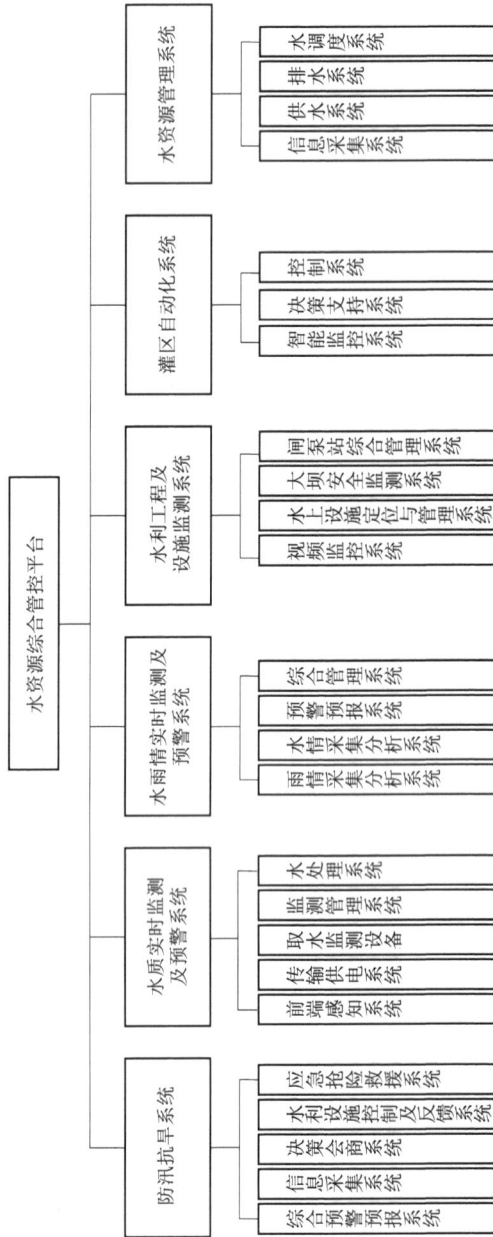

图6-2 六大应用系统架构

应急响应预案模块、专家库管理模块、视频会商系统等；水利设施控制及反馈系统包括水利设施控制、信息反馈、效果评价等功能模块。应急抢险救援系统包括水陆两栖应急抢险救援车、应急通信车、单兵手持终端，可通过防汛抗旱指挥大厅的防汛应急指挥决策系统，对营救队伍和施救单兵进行实时调配部署。

2）水雨情实时监测及预警系统。

城市现有的水文遥测系统可以实时采集河道、水库等地的雨量、水位、水量、土壤墒情、水面风速与风向、水面温度与湿度等信息，但只是对数据进行采集、存储和网页平面播报。在现有的遥测系统的基础上，城市智慧水利的水雨情实时监测与预警系统，将加大河流监测范围，做到覆盖城市全部河流，并且通过设备监测中心对监测数据进行智能分析，结合气象预报和卫星云图，自动发布预警信息，为相关部门采取汛情应急预案，为水务部门实施水资源合理调配，为异常事件预警预报和突发事件应急处理提供科学的决策依据。

3）水质实时监测及预警系统。

城市目前无水质监测站，智慧水利的水质监测将以自动水质监测为基础，在全市各江河湖泊、河港沟渠、水库、入水口，取水口、污水排放口安装各种自动水质测量设备，实时监测包括温度、色度、浊度、pH 值、电导率常规水质五参数的测量，在城市重点水源增加悬浮物、溶解氧、化学需氧量、生物需氧量、总磷、总氮、叶绿素、蓝绿藻等参数的测量，并对数据信息进行统计分析，根据水质污染分级标准对水资源的动态信息进行展现和智能分析，一旦水质污染超标将发出自动预警，环保部门即对该入水口附近企事业、居民环境进行检查。

4）水利工程及设施监测系统。

水利工程及设施监测系统由四部分组成，包括视频监控系统、水上设施定位与管理系统、闸泵站综合管理系统、大坝安全监测系统。

① 视频监控系统。

视频监控系统包括前端采集系统、智能视频分析系统以及综合网络视频管理平台。智能视频分析系统可对各种安全事件进行主动预警，如边界、空中、地面入侵等行为；对监视区域进行严密的警戒设防，做到无盲点，自动防卫监控；对已经出现或将要出现的安全威胁，通过声音、视频等方式实时发出报警信息。大规模部署的监控中心可极大地降低监控人员的工作强度，有效避免由于工作人员倦怠、脱岗等造成的安全隐患及财产损失。综合网络视频管理平台，主要是由多个前端设备、一个中心服务器、一个数据库、多个流转发服务器、多个录像服务器以及多个客户端组成。

② 水上设施定位与管理系统。

水上设施定位与管理系统在水库管理方面，视频监控功能包括水库蓄水水位监测，闸门开启状态分析，无人值守溢洪道安全监测，水库、坝区的周边环境监测，防止人为破坏及禁止游泳区域警戒线分析；在航道监控方面，视频监控功能主要包括上下游河流的水文情况监测、标尺刻度分析、非法排污监测、水面清洁监测、重要水利设备设施安全监测、航道船只数量监测及航道船只密度监测。

③ 闸泵站综合管理系统。

闸泵站综合管理系统包括水闸（泵站）监测站、信息收集处理系统、各级水闸（泵站）综合调水调度中心。

水闸（泵站）监测站承担主要河道口门水闸（泵站）的调水运行相关信息的采集。信息收集处理系统实际是计算机广域网系统，它将各类已建和需要的水环境监测信息统一收集处理并提供给水闸综合调水调度系统中心使用，并对各水闸（泵站）的调水运行工况进行实时监测、分析，根据中心实时调度要求传送有关资料信息，进行水闸运行数据统计分析和生成报表。利用地理信息系统，中心可通过信息收集处理系统，接受来自有关各水闸（泵站）监测站及其他相关信息网所提供的各种数据和图像信息，以大屏幕（模拟地图）实现有关水闸（泵站）的综合调水工程的结构和运行状态的显示。大屏幕还可通过分屏、多画面等各种多媒体方式实时监测关键水闸（泵站）的周边状况、有关图像，使中心能动态地了解全系统的水文、水质、调水运行工况等信息。

④ 大坝安全监测系统。

大坝安全自动监测系统充分利用现代检测技术、通信技术、网络技术和计算机技术，结合不同坝体类型，通过相应传感器感知大坝坝顶水平位移、坝顶垂直位移、坝体接缝、坝基扬压力、渗流量、绕坝渗流、坝体温度、横缝开合度、坝肩变位、表面变形、内部变形、面板挠度等数据；现场的远程监测终端单元通过无线或有线的方式采集前端传感器的信号并进行预处理和存储，根据系统数据传输体制要求，自动上报或接收到管理中心的指令后将相关参数报送信息中心；在管理中心对数据进行处理、统计、整编、分析、预警等，提高大坝安全监测的实时性、可靠性和精度，及时预报大坝承受能力和可能发生的事件。同时可通过先进的视频监控系统实时观测河道、水库及涵闸等运行情况，为领导决策提供直观的图像信息。系统的建立可使水利部门的有关人员实时动态地掌握水库运行信息，为水利部门提供尽可能全面、准确的信息。

5）灌区自动化系统。

整个灌区信息化系统包括三个子系统：智能监控系统、决策支持系统、控制执行系统。

通过智能监控系统中的各种传感器获取土壤、气象、作物等指标的实时数据，不同地块间的数据采集设备将采集结果汇总后利用 GPRS 传送到种植户的计算机、手机等终端机上。决策支持系统整合地理、作物、管道及控制信息，对实时传输的数据进行处理分析，并通过图表直观显示。决策支持系统根据原始数据进行虚拟运行和阵列计算，推断出区气候和病害的预期，生成涵盖单个片区或者几个项目的个性化报告，增加数据的说服性。然后，将计划细节同步转成有序的田间活动安排（如喷淋、施肥灌溉、预防处理等），通过控制执行系统进行自动灌溉施肥。基于网络应用，以数据、图表等形式实时显示系统运行状态。利用苹果系统或安卓系统，种植户可以浏览图表和状态，取图，批注和输入数据，并在田间完成并自动上传到地理数据信息图。

6）水资源管理系统。

以信息技术为基础，实时采集区域内的各类水资源相关信息，以现代水资源管理理论为基础，以计算机技术为依托对区域内的水资源进行实时调度、优化配置；以远程控制及自动化技术为依托对区域内的工程设施进行控制操作；实时监测区域内自来水输水管线、污水排放管线和雨水排放管线、输水排水设施的健康状况，及时发现渗漏、破损、淤积及设备损坏等异常情况，提请相关部门及时处理，排除隐患；实时监测区域内各水域监测站点、污水排放点的水质信息，对污染超标等异常事件提供智能化预警预测。

（3）两个数据库的建设

1）地理信息数据库。

结合 GIS 平台、水资源全业务数据库及水资源应用系统，构建城市统一的地理信息基础数据库，并根据应用需要不断完善图层数据，为垂直部门及横向管理部门提供统一的地理信息数据资源，积极与周边新城、市级数据资源平台对接，促进资源共享交换。

2）水资源全业务数据库。

以前端感知网络和通信网络为基础，结合地理信息系统（GIS）平台等，将前端感知网络采集的数据进行分类入库，形成六大应用系统的专用数据库，初步形成城市智慧水利信息管理格局。

（4）两个管控平台的建设

1）水资源政务平台。

水资源政务平台的功能模块几乎覆盖了包括办公自动化、防汛指挥、水资源管理、水行政执法、工程管理、规划管理、水土保持管理、政策法规、水利规划计划管理、综合信息查询、数据库管理、地理信息系统、信息安全、系统管理等模块在内的所有水利政务相关业务，且可根据需要不断扩充。

水资源政务平台通过基础设施、信息资源、交换标准以及交换体系的建设，可满足多种办公方式对信息系统的要求，切实提高水利办公自动化的水平，提高水利行政的能力和工作效率，主要表现在以下几个方面：

① 丰富信息发布内容，提高信息发布的能力，改善信息服务的水平，实现文电、会务、机要、档案等机关日常工作和信息、保密、信访、政务公开、社会治安综合治理、新闻发布及人大、政协建议提案办理工作等各种业务的办公自动化。

② 实现水利工程管理自动化，水库大坝、河道堤防等水利工程的基本信息录入登记、待建工程审批、水利工程安全状态及鉴定等工作流程自动流转。

③ 通过智慧水利中的水资源管理的智能化、模型化、信息化，实现水资源开发利用，合理配置调度，取水许可制度的网上申请、审批及信息的

发布，以及各种业务审批的办公自动化；加强对水资源、水行政执法、工程、规划等有关工作的统一管理、统一调度，达到水资源的合理开发、优化配置和高效利用，及时提出调度管理方案或策略，保证计划用水和节约用水的正确实施，强化水行政主管部门对水资源开发利用实施有效监督和管理职能。

④ 通过智慧水利中的防汛抗旱系统的建设，水资源政务平台可实现重要江河湖泊和重要水利工程防汛抗旱调度和应急水量调度工作的实时性、科学性，指导、监督重要江河防汛演练和抗洪抢险工作，提高对突发洪涝灾害的应急处理能力，并自动发布全市洪水水情、农田墒情和水旱灾情。

2）水资源综合管控平台。

依托三维 GIS 基础平台构建多源异构数据采集、处理、显示、管理、分析及维护的核心功能仓库，运用数据中心集成开发平台自定义搭建可视化的数据组织、视图加载、界面设计和后台更新维护，实现便捷、规范的水务综合电子监测，提供科学、准确的数据分析决策支持。信息共享主要是实现水资源信息资源存储管理、共享与交换、发布及应用服务，具备为水务业务应用提供综合信息共享和应用支撑服务的能力，同时向相关部门提供信息共享及交换服务。促进数据库的发展持续发展，以民为本，建设一站式入门网站，开放公共资料，推动发展移动电子政府服务及应用，推广电子化公共参与。

6.8.3　建设运营模式

智慧水利项目大多数属于非经营性准公共物品，其公益性很强，企业参与运营的热情不高，该类项目建设投资以政府为主（见图6-8）。

表 6-8　智慧城市建设运营模式选择参数表（9）

项目	纯经营性	准经营性	非经营性	公共物品	私人物品	准公共物品	公益性	保密性	系统性	建设运营模式
水利信息基础设施建设			√			√	强	中	中	政府投资或融资企业建设运营、BT 模式
六大应用系统			√			√	强	中	中	
两个数据库			√			√	强	中	中	
两个管控平台			√			√	强	中	中	

6.9　智慧环保

6.9.1　建设目标

通过综合运用数字城市和物联网、云计算等先进技术，构建多元化、智慧型环保感知网络，围绕建立与完善"科学的减排指标体系、准确的减排监测体系、严格的减排考核体系"的要求，加强环境感知能力，数据传输、共享和应用能力，业务应用支撑能力，综合管理能力等环保信息化能力的建设，达到环保工作"测得全、传得快、说得清、管得好"的目标。

6.9.2　建设内容

智慧环保系统总体架构可概况为：一张网络、两大体系、三个中心、多个业务系统。

6.9.2.1　一张网络

通过完善和优化城市的水、气、污染源、土壤、噪声、固废、生态等环境监测监控设备，建立一体化环境监测监控网络，重点建设重金属、放射源、固废及危险品转移等监测监控系统。

结合常规环境监测监控、区域污染物通量、环境资源卫星遥感监测技术，构建立体化监控网络，对城市环境状况变化和突发性环境污染事件进行大范围、快速、准确和动态的透彻感知。

6.9.2.2　两大体系

智慧环保系统最终要形成两大体系，即环境管理决策体系和环境应急指挥体系。

环境管理决策体系是为决策者提供分析、建设模型，模拟决策过程和方案的环境，调用各种信息资源和分析工具，帮助决策者提高决策水平和质量。

环境应急指挥体系是充分利用先进技术特别是信息技术，建立全方位、立体化、多层次、多维度的环境应急管理技术支撑体系。

6.9.2.3　三个中心

主要包括：环境信息数据中心、环境信息综合分析中心、环境公共综合服务中心。

（1）环境信息数据中心

通过整合所有环境信息资源和数据，建设环境监测数据标准体系，实现管理应用、信息共享和信息服务一体化功能，提高环境数据管理、分析和利用水平，与办公自动化系统等其他平台实现方便对接。

（2）环境信息综合分析中心

由环境质量综合评价系统、区域总量减排管理系统、污染源综合管理系统、环境应急预测预警系统、环境业务综合管理系统、环境辅助决策系统、环境模拟仿真系统七大应用系统构成，以实现环境信息数据的智能分析处理。

1）环境质量综合评价系统。

以环境监测监控信息和环境调查为基础，针对本区域地环境特点，选取一定的评价指标和数学方法进行评价，以判明不同评价单元的环境质量状况、存在的问题和提出综合治理的对策措施。在智慧城市未来规划中，可以客观地对城市的生态环境质量进行评价，不仅可以为各级政府部门的环境管理与决策提供科学依据，同时也对城市可持续发展战略决策具有重要的现实意义。

2）区域总量减排管理系统。

建立针对国控重点污染源及主要行业进行污染物排放的总量控制信息管理平台，通过系统掌握重点污染源、主要污染物排放、污染治理设施情况、地区环境质量改善情况和排放指标交易情况等动态变化，为污染物排放总量控制管理和决策工作提供信息服务和技术支撑。

3）污染源综合管理系统。

进一步梳理污染源管理业务，整合和集成现有环境业务管理系统，构建污染源综合管理平台，实现覆盖"批、监、管"等业务全过程管理。通过污染源管理平台，理顺业务管理关系，优化业务管理流程，规范业务管理行为。

污染源综合管理重点建设以环境污染物减排、全国污染物普查、环境统计、污染防治、环境影响评价、环境监察与执法监督等为重点的环境监控业务子系统，为环境管理和决策提供数据支持。

4）环境应急预测预警系统。

环境应急预测预警系统以环境监测数据为基础，结合空间、气象、水文水利等信息，通过信息化、仿真等手段，模拟环境突发事件的扩散趋势，全面、准确地掌握环境风险源基本情况，提升对突发事件的识别、评估与监控能力，为环境应急管理的科学决策提供依据。同时，建立完善的环境应急预案管理机制与完整的环境应急信息资源中心，提升环境应急的运营能力。

5）环境业务综合管理系统。

环境业务综合管理系统是专门针对城市环保局上下级业务管理的软件系统。横向包括对环保局内部各业务处室的业务数据的管理；纵向包括对下级单位（包括监测站和下级区县级环保局）环保业务的处理，该系统可有效加强各部门协同，提高工作效率。

6）环境辅助决策系统。

环境辅助决策系统面向决策领导，通过对污染源数据的全面集成与分析，最终实现城市污染物总量控制与减排目标的落实。领导可通过辅助决策中心，定制综合的数据服务、地图服务和查询服务，也可由专业的人员使用数据中心发布专题报告推送至领导辅助决策。

7）环境模拟仿真系统。

环境模拟仿真系统是通过建立和运行系统的计算机仿真模型，来模仿实际的运行状态及其随时间变化的规律，以实现在计算机上进行试验的全过程。通过对仿真运行过程的观察和统计，得到被仿真系统的仿真输出参数和基本特性，以此来估计和推断实际系统的真实参数和真实性能，为环境科研人员和决策人员提供一种有效的实验环境，使设想和方案可以通过直接调整模型的参数或结构来实现，并通过模型的仿真运行得到其"实施"结果，从而可以从中选择满意的方案。

（3）环境公共综合服务中心

环境公共综合服务中心包括：公众综合服务门户、内部综合服务门户、环境信息服务平台、环境数据交互平台。通过环保局门户网站进行展示，深度挖掘、丰富服务内容，为基层群众、企业提供各种网上服务。

1）公众综合服务门户。

公众服务门户，即城市环保局门户网站，是城市环保局面向公众的统一门户。目标是在环保部门信息化建设的基础上，借助于互联网平台，为基层群众、企业提供各种网上服务。网站的内容和功能将以用户为中心，以环境保护业务流为主线，通过合理分类环保局提供的公共服务，满足不同服务对象的需求，使其最终成为一个多功能、全天候、"一站式"服务的环保政府网站。

2）内部综合服务门户。

内部综合服务门户是城市环保局及其直属单位和区县局的内部业务管理入口。门户作为用户登录系统后看到的首个综合信息展现界面，必须契合用户工作关注的重点，基于不同用户角色，门户的信息内容呈现和聚合方式应各有特色。针对城市各级环保部门对于门户需求而区分的用户角色，主要包括强调决策分析的领导层，关注各类动态信息和专项业务操作执行的一般工作人员，以及需全局掌握平台运行情况的系统管理员。

3）环境信息服务平台。

环境信息服务平台作为城市环境信息化总体框架的数据服务、信息共享和交换的窗口，是各级管理部门进行各类信息资源服务的同一平台，为环境管理决策和社会公众提供信息服务与数据支持。该平台对内以办公室自动化系统内部综合门户为依托，为环境管理与综合决策提供全方位的信息服务和数据支持；对外以城市环保局政府网站微门户为依托，为企业和公众提供"一站式"的环境信息服务。

4）环境数据交互平台。

环境数据交互平台对各类环境数据和信息进行管理及共享发布，将各种不同环境数据库的资源进行整合，实现不同位置、不同格式的环境信息数据的共享和访问，进而集成相关的业务数据，实现数据的综合利用，为业务应用系统使用环境数据资源提供统一的入口和出口，体现"一数一源，一源多用，数据共享"的建设原则。

6.9.2.4　多个业务系统

目前城市环保局已建设了污染源在线监控系统、环境质量在线监控系统、餐饮油烟在线监测系统、实验室业务管理系统（LIMS）等业务管理系统。根据国家环保政策的要求，下一步将建设污染治理设施监控系统，饮用水源地保护管理系统，固废、危废转移监管系统，放射源在线监控系统，恶臭气体在线监控系统等管理系统。

（1）饮用水源地保护管理系统

饮用水源地保护管理系统是以预测预警为主的电子围栏信息系统，通过科学划定和调整饮用水水源保护区，充分利用先进的信息化技术对饮用水水源地建立全面的水质安全监测预警体系，从而加强饮用水水源保护，建设好城市备用水源，解决饮水安全问题。

（2）污染治理设施监控系统

污染治理设施监控系统是基于污染处理设施运行的原理，通过连续工况过程数据对设施运行和结果数据进行有效性验证判断，实现在线监控及预警，为环境执法、排污费收取、总量核定等工作提供准确有效的数据基础。

（3）固废、危废转移监管系统

固废、危废转移监管系统利用 RFID、GPS 等技术，通过电子标签识别固定规格专用转运箱，对每件次废弃物包装自产生单位至处置单位的收运活动进行全过程管理，实现对固废、危废收运的全过程监管，防止出现私自处置、丢弃或丢失废弃物的情况，避免其对环境造成污染。

（4）放射源在线监控系统

放射源在线监控系统是针对城市内日常施工作业中对放射源的管理需

求，利用在线式辐射探测、RFID（射频 ID）放射源管理、智能控制终端等先进技术和设备，实现对放射源辐射量、转移的管理的系统，以避免放射源丢失对环境、人身安全造成危害。

（5）恶臭气体在线监控系统

恶臭气体在线监控系统隶属于环境质量在线监控系统，是传统固定式空气质量在线监测设备的延伸，其利用微型光学传感器在特定区域（如污水处理厂、化工厂等）内监测空气中的污染气体，来保障环境质量和人身安全。

6.9.3　建设运营模式

智慧环保项目多属于非经营性公共物品，其公益性较强，目前企业参与后期项目运营的积极性不高，大多数项目以政府投融资、企业参与为主（见表 6-9）。

表 6-9　智慧城市建设运营模式选择参数表（10）

项目	纯经营性	准经营性	非经营性	公共物品	私人物品	准公共物品	公益性	保密性	系统性	建设运营模式
环境监测监控网络			√	√			强	中	弱	政府投资建设运营，或 BT 模式
两大体系			√	√			强	中	弱	
三个中心			√	√			强	中	弱	

6.10　智慧城管

6.10.1　建设目标

充分运用城市管理的现有资源，以"管理城市，服务公众"为主旨，构建"一级监督、两级指挥，重心下移、四级联动，综合执法、全面覆盖"的智慧化城市管理新格局，分阶段实现公众参与智慧化城市管理，智慧化城市管理服务于公众的总体目标，实现精确、高效、全时段、全方位、全覆盖的快速反应城市管理发展目标。

充分整合利用现有城市管理资源，理顺管理机制，通过整合管线探测技术、传感技术、管线标识技术、互联网技术、云计算技术等多种先进的物联网技术手段，优化监督和执行分离协作的管理体制，精简城市管理流程，实现精确精细、敏捷高效、全方位、全时段覆盖的城市管网管理新模式。

6.10.2　建设内容

以城市管理领域示范项目建设为抓手，推动城市管理领域信息化基础设施的建设。通过户外广告管理系统、渣土车智能监管系统等示范项目的建设，推动城市管理感知网络的部署与发展；通过城市管理综合服务系统等项目的建设，带动统一的地理信息系统，包括三维地理信息系统的开发与应用；通过城市管理综合服务、智能视频分析等系统的建设，初步整合城市管理各数据中心；通过违章停车管理系统、渣土车智能监管系统等项目的建设，使城市管理业务综合平台更加成熟，在实践中检验平台的优缺点，以便在下一步的建设过程中进行整改升级。

综合运用物联网、云计算、智能分析、数据挖掘等新一代高科技技术手段，深度挖掘城市管理中的大数据信息，以最大限度地发挥协同效应与整体效益，全面建设"四个一工程"，即"一网、一中心、一张图、一平台"，形成各环节全面感知、深入智能、协同互通、联动作业、跟踪评价、辅助决策的全新服务型城市综合管理体系，在城市基础设施精细化管控、行政执法强化监督、环境卫生综合整治、资源调度合理分配、交叉单位协作反应等方面，提高城市综合管理水平，优化城市综合管理效能，改善为市民生活服务的质量。

6.10.2.1　"一网"：物联化

"一网"即指物联网，可以通俗地解释为"物物相连的互联网"，是指通过射频识别（RFID）、红外感应器、全球定位系统（GPS）、激光扫描器等信息传感设备，按约定的协议，将任何物品与互联网联结起来，进行信息交换和通信，以实现智能化识别、定位、跟踪、监控和管理的一种网络。通过布设物联网网关，形成一张支持广泛接入、多模通信、协议转换、自组织能力的底层传感网络，实现不同类型传感节点的信息采集以及与现有基础网络的传输通信。

从技术架构上来看，物联网的建设可以分为三层：感知层、网络层和应用层。

感知层由各种传感器组成，包括气体浓度传感器、温度传感器、湿度传感器、二维码标签、RFID 标签和读写器、摄像头、GPS 等感知终端。通过在城市的各事件或部件中布置大量的传感器，感知层即可以将监管对象的身份、状态、位置等信息数据进行感知收集，使所有涉及城市运行的各个重要方面都能够被有效感知和监测。

网络层由各种私有网络、互联网、有线和无线通信网、网络管理系统和云计算平台等组成，是整个物联网的神经中枢，负责传递和处理感知层获取的信息，整合信息资源，为上层运营管理提供标准的、开放的、可靠的、互联互通的数据通信基础。

应用层是物联网和用户（包括人、组织和其他系统）的接口，它与行业需求相结合，实现物联网的智能应用。

6.10.2.2　"一中心"：协同共享

"一中心"，即协同共享的数据中心：实现各个系统中市政设施、车辆定位、城管人员、卫生监管、基础地理、单元网格、部件和事件、地理编码等多种数据资源的集中存储与管理，为综合评价与决策分析提供数据基础，为"一平台"各分系统提供业务支撑。

"智慧城管"数据资源中心建设主要包括数据采集平台、数据平台、安全服务平台构成的数据容灾系统，以及支撑这一系统的机房硬件系统（如图6-3所示）。每个系统包括若干子系统，提供完整、全面的综合业务应用。

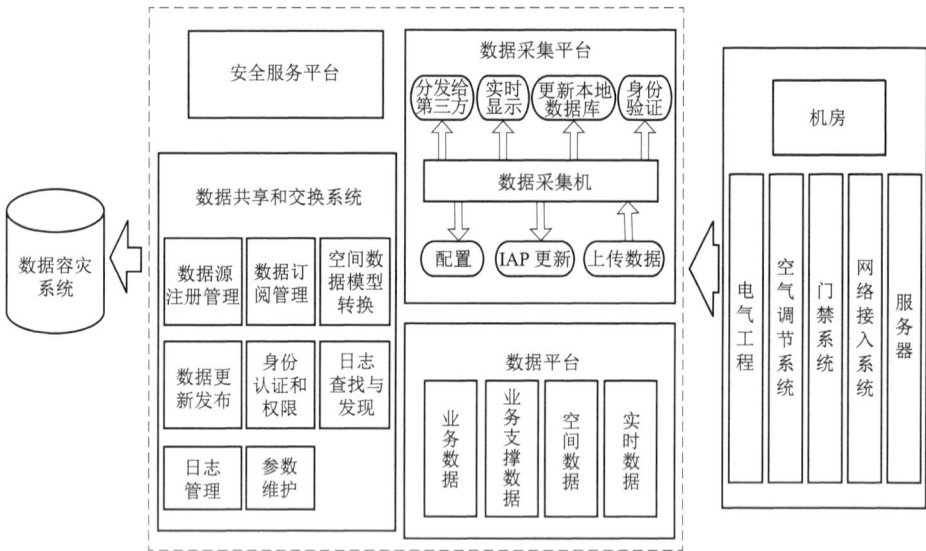

图6-3 "一中心"框架

数据采集平台通过数据采集机进行更新本地数据库，并将数据分发给第三方。

数据平台包括的数据有：业务数据、业务支撑数据、空间数据、实时数据。

安全服务平台指的是数据共享和数据交换。

机房硬件系统包括：电气工程、空气调节系统、门禁系统、网络接入系统以及服务器。

6.10.2.3 "一张图"：高度统一

"一张图"，即高度统一的地理信息系统：基于统一的地理空间信息标准和规范，在一个公用的硬件和网络基础设施平台上，搭建统一管理和整合公共基础性地理信息资源的地理空间信息基础平台和建立一个统一的基础地理空间数据库。实现公共基础性的地理信息资源和政府部门专业地理信息资源的共享与交换集成，实现区域地理空间信息资源的有效整合与集成，统一为"一平台"提供可视化的决策分析和数据共享服务。

地理信息系统建设采用"一张图"的信息资源整合模式，运用多级多源地理信息服务聚合技术、地理信息服务总线技术，实现地理信息共享服务在线、准在线、离线的分布式部署与服务模式，是一种新型的、面向服务的地理信息共享交换平台，其总体架构如图 6-4 所示。

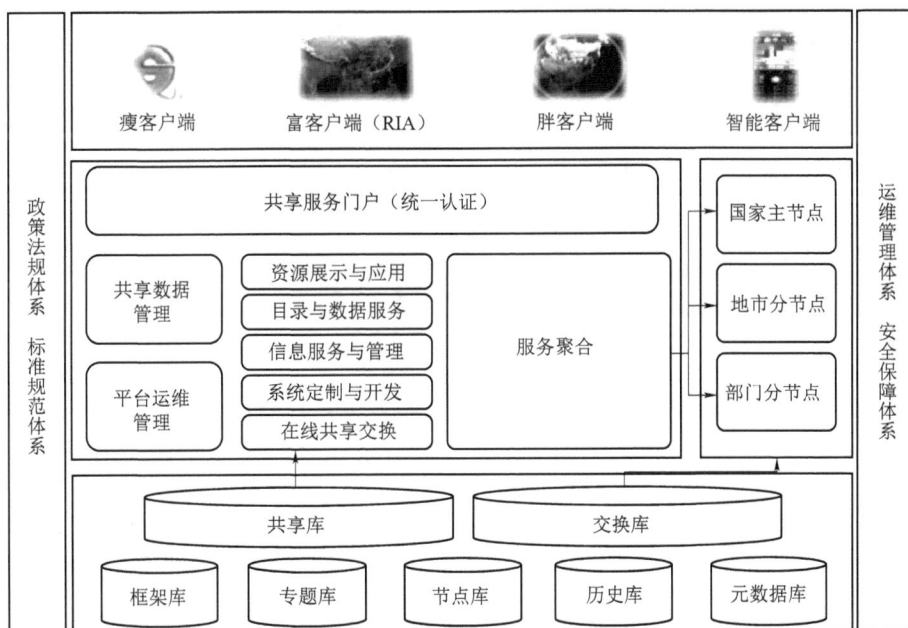

图 6-4　地理信息系统总体架构

地理信息系统建设基于统一的地理空间信息标准和规范，在一个公用的硬件和网络基础设施平台上，搭建统一管理和整合公共基础性地理信息资源的地理空间信息基础平台和建立一个统一的基础地理空间数据库，实现公共基础性的地理信息资源和政府部门专业地理信息资源的共享与交换集成，形成电子政务自然资源与地理空间信息基础数据库和地理信息资源应用服务与管理体系，为政府、企业、社区和公众提供地理空间信息服务，为基于地理空间信息框架的人口、法人和宏观经济信息资源的整合与共享，建设智慧城市奠定坚实的基础。

业务部门基于不同的 GIS 平台搭建各自的应用系统，存在使用的 GIS 平台不一致的现象，也就产生了不同的服务源。

异构服务源的集成需要平台使用的 GIS 软件支持异构 GIS 服务的集成，本系统通过服务聚合技术能集成异构 GIS 发布的服务，如 ArcGIS、MapGIS 等，并支持服务聚合的二次发布；同时，异构服务源的集成也需要遵循相应的标准，如 OGC 的 WMS、WFS、WCS、WPS 等。

另一方面，为了提高平台的服务能力，平台采用地理信息服务总线（Geo-ESB）技术，实现异构服务的无缝集成、聚合和再发布，以及多层级的数据共享和交换（如图6-5所示）。

统一的地理信息系统提供以下功能：

（1）共享服务门户

共享服务门户是各部门在线使用平台的入口，统一登录认证。平台提供各子系统的入口，同时门户也作为一个对外的窗口，为用户呈现平台动态、平台向导、热点服务、最新发布数据、政策法规、平台知识、服务热线等信息。

（2）共享数据管理

共享数据管理子系统是管理人员全面掌握和管理公共平台数据资源的

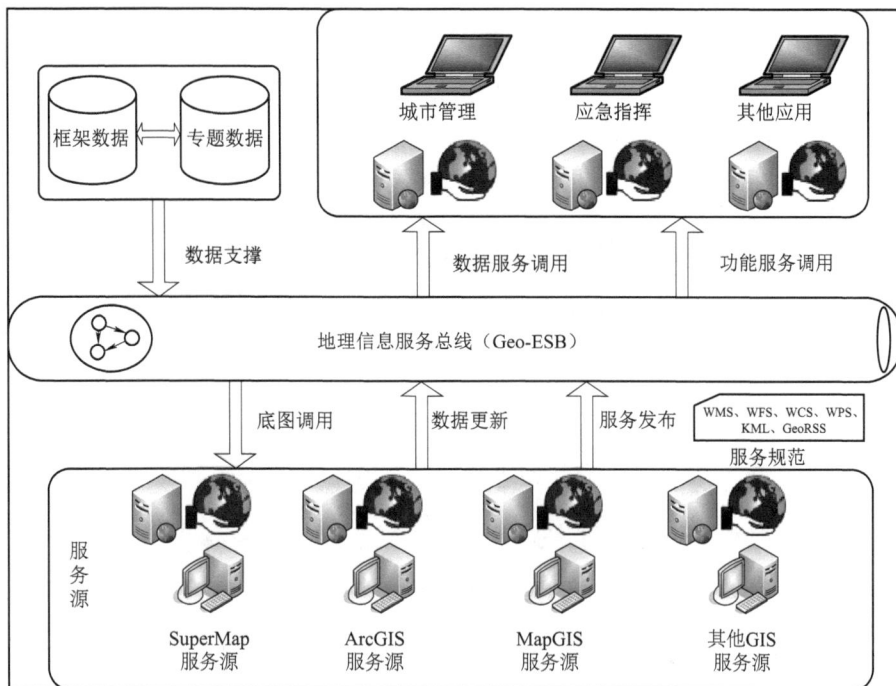

图 6-5　地理信息服务总线技术示意图

工具，实现对空间资源入库、更新和发布管理。具体包括数据质检、入库、转换、提取、分发、展示、输出；矢量、影像与缓存数据管理；元数据管理和符号管理；地名、地址数据管理；地理编码匹配；数据备份与恢复等功能。

（3）资源展示与应用

资源展示与应用子系统将平台的建设成果，包括数据资源和应用功能向各部门在线用户提供操作便捷的应用，便于及时了解平台的建设成果，为在线直接使用和对接开发提供样例。

主要包括地图操作、数据加载、空间查询、属性查询、空间统计、空间分析、三维显示和地图标注等功能。

（4）信息服务与管理

信息服务与管理子系统在线进行信息服务的管理。具体包括服务黄页查询、服务注册、服务监管与元数据管理。

（5）定制与开发

定制与开发子系统是本系统的核心建设内容之一，以在线方式提供符合 OGC 规范的标准地图服务发布，包括 WMS、WFS、WCS、WMTS、KML、GeoRSS 等服务，提供丰富的数据服务和 GIS 功能服务，支持多种开发语言和模式构建基于服务的应用系统。

（6）在线数据交换

在线数据交换子系统主要用于部门之间的数据交换。用户可以通过元数据与数据目录管理系统查询其他部门的元数据，如果需要共享其他部门的数据可以录入申请表，申请表经部门数据管理员审批答复，如同意可以上传和直接发送数据给申请人。

主要包括数据上传，数据下载，数据维护，切片、目录、数据等的同步交换。

6.10.2.4 "一平台"：大力协同

"一平台"，即大力协同的综合管理服务平台：基于数字化城管的九大基础子系统，融合并完善十大拓展子系统，构建十大智慧子系统，最终形成集信息收集与发布、指挥调度与综合执法、综合评价与决策分析于一体的智慧化城市管理服务平台。

信息收集与发布分系统包含一个基础子系统，即监督数据无线采集子系统；三个拓展子系统，即视频监控子系统、工地管理子系统和公众信息发布子系统；以及五个智慧子系统，即部件损毁自动实时报警子系统、市民投诉子系统、视频智能分析子系统、噪声异味检测子系统和网络舆情监督子系统。

指挥调度与综合执法分系统包含三个基础子系统，即呼叫中心受理子系统、协同工作子系统和监督指挥子系统；四个拓展子系统，即 GPS 监督指挥子系统、业务短信子系统、移动监督子系统和移动执法子系统；一个智慧子系统，即预案子系统。

综合评价与决策分析分系统包含一个基础子系统，即综合评价子系统；三个智慧子系统，即数据抽取子系统、数据准备子系统和分析决策子系统。

6.10.3　建设运营模式

智慧城管项目属于非经营性公共物品，其公益性较强，赢利比较困难，企业参与运营的积极性不高，该类项目主要采取政府投融资、企业参与建设的模式（见表6-10）。

表 6-10　智慧城市建设运营模式选择参数表（11）

项目	纯经营性	准经营性	非经营性	公共物品	私人物品	准公共物品	公益性	保密性	系统性	建设运营模式
物联化基础网络			√	√			强	强	中	政府投资建设运营
数据中心			√	√			强	强	中	
综合管理服务平台			√	√			强	中	中	
一张图		√		√			强	强	中	政府投资或融资企业建设运营

6.11　智 慧 旅 游

6.11.1　建设目标

利用现代物联网、云计算和移动互联网等信息化技术，为游客提供全方位信息服务，为旅游管理部门提供一个数字化、专业化、科学化的管理平台；推进旅游企业的信息化工作，降低旅游业运作成本，提高服务水平，把城市建设成国内外旅游重要目的地和集散地城市。

6.11.2　建设内容

借助于数据资源目录及数据交换共享技术，梳理并整合原先分散在旅游企业、旅游管理部门及相关机构或组织中的旅游资源信息、服务企业信息、服务对象信息、服务渠道信息、包含 GIS 数据等在内的目的地相关信息以及增值服务信息，形成有序、集成、准确的区域综合旅游信息资源，根据旅游服务业务梳理的结果，为游客、旅游业者及政府部门提供标准化的信息服务，并根据服务内容的区别确定运营和收费模式。

基于整合的智慧旅游公共服务门户，为电子商务及其他旅游服务业者提供完整的电子商务服务平台，包括目的地营销、客户关系管理、旅游产品设计与订购等内容；打通旅游企业间的 B2B 通道，提升旅游企业效率，提高商务信息的及时性；引入第三方金融或准金融服务，实现完整的旅游电子交易平台。

建设"一感知体系（智慧旅游感知体系）、一中心（智慧旅游信息云数据中心）、二平台（智慧旅游公共服务平台、旅游行业管理平台）、三门户（旅游公共服务门户、政务门户、WAP 门户）、N 服务渠道服务（手机、网站、自助导览、公共信息服务站等）"的智慧旅游总体框架。

建设电子自助导游系统，解决现有旅游结构体系中旅游信息资源分散、更新不及时的缺点，同时可以解决高级导游人才稀缺和小语种人才缺乏的问题。通过自助选择方式为游客提供关于目的地各方面的咨询服务，在客人需要的情况下，为客人提供一套完善的"自助游行程规划"。

建设全面服务于各旅游对象的融合性的智慧景区旅游服务体系，主要建设内容有九个方面：智慧景区电子门禁系统、智慧景区电子自助导游导览系统、智慧景区远程浏览系统、智慧景区视频监控中心、智慧景区停车导引系统、智慧景区车船跟踪管理系统、智慧景区环境监控系统、智慧景区 WiFi 全覆盖、智慧景区工作人员巡更考勤系统。

6.11.2.1　智慧旅游感知体系

基于物联网技术，在与吃、住、行、游、购、娱相关的各类旅游资源中敷设多种类型的传感设备，例如 RFID、感应线圈、摄像头、GPS 等，用于感知旅游资源的 ID、属性、状态、位置等各类信息，形成智慧旅游感知体系的神经末梢；采用最先进的无线传感自组网络技术，与互联网结合，用于传递各类感知或控制信息，形成智慧旅游感知体系的传入/传出神经网络；结合 GIS 技术、信息资源整合技术与商业智能技术，整合各类感知信息，进行数据分析等加工再利用过程，形成智慧旅游感知体系的大脑。

基于该感知体系，可以为游客提供餐饮娱乐消费导引、远程资源预订、自导航、自导游、电子门票、服务信息即时推送等多种智慧旅游服务；可以为旅游企业提供服务资源管理、游客流量控制、车辆调度、远程监控、自动收费等多种智慧经营管理服务；可以为管理部门提供环境监测、交通管理、资源调度、应急处理等多种政务管理服务。

6.11.2.2　智慧旅游信息云数据中心

建立满足平台各类系统所需的公共信息资源基础数据库，确保基础数据库的正常运行和有效互通；建立公共信息资源在旅游基础数据库与各应用数据库之间的映射关系，完善基础数据的同步更新机制，实现信息资源共享和有效利用；建立基础数据库与各类信息渠道主体之间的标准化数据交换接口，实现旅游信息与企业提供的动态旅游产品数据的有机整合。

6.11.2.3　智慧旅游公共服务平台和行业管理平台

基于旅游信息数据中心和应用技术支撑建设旅游行业管理平台和公共服务平台，整合以城市旅游局为主要职能单位的业务模块，为旅游管理部门提供一个数字化、专业化、科学化的管理平台，提升管理机构的信息化水平、工作效率与决策水平；基于感知体系和云数据中心支撑建立整合的旅游信息服务平台，为游客和旅游企业提供完整的电子商务服务平台、目的地咨询服务、旅游产品营销、酒店和票务预订、安全监控、旅游体验中心等内容，降低旅游管理运作成本，提高管理和服务水平。

6.11.2.4　智慧旅游三大门户

基于城市旅游综合管理平台和旅游信息服务平台，整合各应用系统，建设针对综合政务管理的旅游政务门户和针对游客服务的旅游公共服务门户，另外针对游客特别开发手机 WAP 门户，让游客通过手机客户端轻松获取旅游线路查询、景点自助导览、旅游资讯推送等服务。

6.11.2.5　智慧旅游多服务渠道

基于上述感知体系、数据中心、应用平台的整体支撑，提供手机移动终端、呼叫中心、旅游公共信息服务站、门户网站、触摸屏等多服务渠道，为游客提供全方位、更便捷的服务。

6.11.3 建设运营模式

智慧旅游大多数项目属于准经营性准公共物品，只要政策措施到位，企业参与积极性较高，赢利模式多样化，该类项目以政府引导为主，可以考虑充分利用社会资金建设运营（见表 6-11）。

表 6-11 智慧城市建设运营模式选择参数表（12）

项目	纯经营性	准经营性	非经营性	公共物品	私人物品	准公共物品	公益性	保密性	系统性	建设运营模式
智慧旅游感知体系			√			√	中	弱	弱	政府融资企业建设运营或BOT模式
云数据中心		√				√	中	弱	弱	
二平台		√				√	中	弱	弱	政府引导市场化运作
三个门户		√				√	中	弱	弱	
自助导游系统	√				√		中	弱	弱	
旅游服务体系	√				√		中	弱		

6.12 智 慧 教 育

6.12.1 建设目标

利用云计算、宽带网、无线网、互联网建立覆盖全市中小学的高速互联教育网络；整合全市教育资源，特别是整合优质教育资源，建设完整、实时、共享的教育资源库；在管理、教学、学习、终生学习等方面，开发先进智慧化教育软件，构建智能教学平台、智能学习平台、教育管理综合平台，实现教学内容、学生学习、学校管理、教学能力与信息化的融合，实现教学模式的突破，全面提升城市教育质量，使教育信息化水平走在全国前列。

建立全市统一的智慧教育云中心，全市的教育信息资源汇集在存储云端，按学校个性化定义成具有特色，安全，功能完善，满足学校教育、管理需要的各校的智慧教育系统，真正实现校园管理智能化。

实现教学模式突破，学生成为学习的主体，校园网为学生的探索式学习提供情景和资源，老师成为学生学习的指导者、组织者，成为教学案例的收集者和课件的编著者。

促进信息技术与学科内容、学生学习、学校管理和教学能力的融合，即做到"四融合"：

教学内容融合：通过现代信息技术手段，改变传统单一的以文本表示知识的形式，结合各个学科（语文、物理、数学、化学、地理、外语等）的特点，建设一套与学科内容紧密融合的教学课件和案例。

学生学习融合：学生利用信息技术手段，改变传统的"教师为主体，学生为客体"的学习方式，真正实现学生的个性化、自主化、协作式的学习。

教学能力融合：教师通过利用信息技术手段，提高运用最新教育技术的能力，可调用全市、全国的优质教育资源，利用最新教育技术服务于教学活动的全过程，为教师提供信息技术与教学能力融合的智能平台。

学校管理融合：教育管理工作者利用信息技术手段，在学校内部和外部建立起顺畅的信息通道，充分调动一切教育教学资源，为学校的各项业务服务，以提高学校的管理水平和运作效率，实现信息技术与学校管理的融合，为学生培养、学校管理提供全面支撑。

6.12.2　建设内容

6.12.2.1　城市教育云平台

云计算是一种新型的计算模式，它把信息资源（服务器、存储器、宽带）、数据、应用作为服务通过网络提供给用户，把大量的计算资源组成资源池，为用户动态创建高度虚拟化的资源。云计算的主要特点是：数据在云端，不怕丢失，不必备份；软件在云端，不必下载自动升级；无所不在的计算，在任何时间、任意地点、任何设备登录后就可以进行计算服务；无限强大的云计算，具有无限空间、无限速度。云计算平台在三个层次上提供共享服务，即在设备层、平台层、应用层为用户提供按需服务。

城市教育云平台建设包括三个方面的内容：购置一批计算机设备和存储设备，利用设备虚拟化技术为各中小学定义各类应用服务器；建立统一的支撑平台，供各学校定义个性化的应用系统；集中开发一批共性应用系统，利用软件即服务为各学校定义应用系统。

6.12.2.2　智能课堂平台

智能课堂平台包括两方面的内容：传统教学课堂的智能化和网上虚拟课堂（或称网上学习社区）。对传统教学课堂和以电子白板为工具的教学课堂进行全面改造，实现现有课堂与信息化技术的紧密融合，充分利用网络信息资源，在教学内容、展示方式、互动方式上进行全面改革，实现以学生为主体、个性化教学的新的教学模式。

智能学习平台是在校学生在网上进行学习的虚拟课堂。虚拟课堂按照学生的需要，按教学内容、学习者兴趣、学习目的等组织网上教学班。教学内容既可按照普通学校教学大纲，组织教学内容、授课活动、教学实验、教学考试，又可根据网上虚拟的特点组织教学参考文献，根据参加的学生团体自己定义教学内容、教学时间和学习方式等，实现课堂教学的虚拟化。

虚拟教学班子由跨学校的教师团队组成，教学班的学生可以自动报名，也可以由学校组织。

授课可以采取"一对一""一对多"两种方式，学生在听讲过程可以提问，可由老师进行网上解答，考试由负责虚拟班的老师团队组织，考卷评阅、综合评价由相关老师负责。

智能虚拟课堂由一个平台、两个服务引擎组成。一个平台：课堂学习平台。在现有白板的基础之上，建立授课系统，该系统可以选择"一对一""一对多"两种授课模式，平台支持学生、老师互动和组织班级集体活动等。

引擎之一：网上在线学习引擎。包括学生报名、播放课件、提问、回答、考试、查阅资料、考试等。

引擎之二：教师工作引擎。支撑教师备课、播放课件监控、提问，组织考试、班级学习情况统计、家校互动等功能。

6.12.2.3　学生智能学习平台（电子书包）

学生智能学习平台以电子课本为核心，集成自助式学习管理、自助考试管理、师生互动管理、学生定位管理、紧急求助管理、学生家长互动管理等多项功能。该平台也称作电子书包，是改变学生目前带课本上学、盲目购买参考书、抄写课堂作业、完成家庭作业等方式的重要设备。该平台以教育云为基础，以智能终端（计算机、移动终端等）为学习手段，让学生充分利用网络、计算机和教育资源进行课后学习和做作业等。

电子课本是一种以立体化、开放化、多元化形式存在的课程材料综合体，它将各种声音、文字、图片和影音文件集于一体，以信息技术、多媒体技术为基础开发的教学系统。它把电子教材、学习资源、虚拟教具、虚拟学具、学习服务、学习终端等几个方面有机地融合成一个智能教学系统来满足无所不在的学习需要。

自助式学习管理：支持教师、学生和家长反复使用，而且具有及时性、共享性、开放性、动态性、交互性特点。在媒体资源方面，它把文本、图形、图片、音频、视频、动画、虚拟现实等媒介进行整合，并且具有动态性、生成性特点。强大的 Flash 播放功能，使动漫教材流畅播放，学习畅通无阻。

同步视频辅导：视频辅导，实现了请名师做家教。与教材同步的视频辅导，具有重播、回放、暂停、快进功能，想怎么看就怎么看，无阻碍地流畅播放，画面清晰，声音保真，具有完整的课堂效果。点读功能，通过超灵敏的触摸屏，学到哪里点哪里就有功课同步辅导。内置多套词典，有动漫解释，生动易记。

家庭作业与自助考试管理：可接收老师布置的家庭作业，并提供作业完成系统，作业完成后可自动提交给相关老师批阅。可下载课堂白板的教学内容，重复演示老师讲课的内容。具有电子图书馆海量题库，可根据学习者的要求自动组织试卷，在规定的时间进行考试，并具有试卷批阅、统计分析等功能。

交互管理：实现师生、学生之间的互动管理，可以短信、网上即时通向同学、相关老师发出互动请求。学习者之间、教师和学习者之间、教师与电子课本之间，学习者与电子课本之间的交互，从行为动作角度看，有插入、标注、复制、标签、更新、重列、超链接等。计算机的人机互动特点，有利于激发学生的学习兴趣，增强学生在学习中的参与性和主动性。在交互式学习环境中，教学策略也可以选择，学生能更加主动地参与学习的全过程。

学生定位管理：系统包括 GPS 系统，老师、家长、同学在任何时候都可以通过学习平台、加入会员的手机等装置定位，并通过智能终端进行通信。

紧急求助管理：持有智能学习平台的学生可以在紧急时，向 110、学校保安、教师、家长发出紧急呼叫，并通过 GPS 告知自己的位置。

学生与家长互动管理：持有智能学习平台的学生可以随时同家长进行互动，家长之间在需要时也可以通过智能终端、手机进行互动交流。

6.12.2.4　教师智能工作平台

整合白板系统、学校管理系统、电子书包、虚拟课堂等，为教师提供一个集成教学、管理、自我提高的平台。该平台是一个智能备课、学习、工作平台，构成中小学教师的智能环境，能同学校数字校园系统、白板系统、教学资源库进行链接，教师可以据此制作课件，调用全市、区、学校的课件、案例等相关资料，也可以调看学校对教学情况的评价，调看所在班级学生的学习情况，为教师有针对性的备课提供支撑，也可进行试卷评阅、与学生、领导、家长互动。

6.12.2.5　网上学习社区（个人终生学习平台）

建立网上学习社区，让学生之间、师生之间、社会个人之间按需组成学习社区，而网络学习社区管理者提供广泛的学习资料、课件、参考文献供社区共享（分有偿和无偿两类），社区管理者与教育管理部门对网络学习社区实施共同监督和管理。

网上学习社区集成智能课堂平台、学生智能学习平台、教师智能工作平台，增加个人终身学习管理的相关功能，加入学习网上社区申请，建立个人终身学习档案，定制学习计划，接受终身学习管理系统的推送服务等功能。其主要功能如下：

（1）教程管理

教程就是对学员所学课程的相关内容以计算机网络呈现的形式进行组织和安排。

1）教程创建。

创建教程结构（大纲）和教程内容，以标准的格式进行打包，传送到教程发布服务器。教师们可以在教程中加入丰富的内容，如多媒体课件、测试题、Web 链接等，还可以加入实时教学（虚拟课堂）会话。

2）教程发布。

教程被引入后，有权限的用户（教学管理员或教程制作者）可以对其进行设置。首先将教程与预先设定的课程目录中的课程相关联，并为教程指派教师，之后为它设置相关属性，如有效期限、是否需要讨论区等。教程设置完成后，将其发布，这样就可以用它进行教学了。

3）人员分配。

教程的人员分配，包括教师指派和学生登记，可以与综合教学系统结合，根据学生的选课情况，自动将其登记进教程学习人员表中。学生也可以手动选择要加入哪个教程的学习（只要他对该教程有学习的权限）。

4）会话管理。

如果教程中包含了实时教学内容，则需要针对其建立会话。会话指定课堂的标题、内容描述、指导教师、人员限制和日程安排等。

5）教学跟踪。

教学跟踪信息（如学员的测验成绩和学习完成状态）将会在学生学习过程中记录存储。教师可以选择查看某学生对各门教程的学习进度，也可以查看学习某门教程的各学生的进度，同时还可以使用一定的统计功能。

（2）网络学习

1）实时教学

通过实时交流和对网络教程的实时推进，营造一个虚拟的课堂教学环境。

2）虚拟课堂实时教学

① 实时交流。

参与者可以通过一个群组公共交谈区域，发表简短的文本信息进行实时交流，也可以与实时音频/视频同时使用。

在通过声音实时交流时，由教师控制谁可以讲话，学生通过参与人员列表中的图标可以看到当前谁在发言、谁举手要发言、谁正在讲话，以及参与者的参与权限（发言、编辑白板等）等信息。如果网络带宽条件允许，在音频上还可以附加实时视频。

虚拟教室的参与者还可以打开一个私密交谈的窗口，并邀请其他参与者进入，进行小范围交流、

② 电子白板。

电子白板占据了虚拟课堂的最大一部分屏幕，教师可以将预先准备好的材料在上面显示，并可以在讲课过程中标注重点和添加文字。

③ 屏幕共享。

屏幕共享模式允许参与者控制屏幕共享：在一个参与者 PC 上启动运行屏幕共享，运行应用，可以在所有参与者的屏幕上看到其过程。可以通过这个功能进行操作演示，也可以帮助其他人解决应用活动中的困难。

④ 推送 Web 浏览。

推送 Web 浏览可以将参与者引导到一个 Web 应用中，利用 Web 技术观看动画等多媒体内容，推荐参考网站等。

3）多媒体教学。

可以在实施教学的过程中引入多媒体内容，与多媒体服务器合作实现多媒体课件的点播，以辅助教学和学习过程。

4）课堂广播。

可以将实时教学过程通过广播的方式实时传送给在线学生，即教师进行网络演示、学生进行直播观看的形式。这种形式适合人数众多的大课和讲座。

5）录制重播。

首先在课堂开始前选择"录制"，然后在实时教学开始后将虚拟课堂的教学过程录制保存下来。在以后需要的时候，从网络上启动课程录像，就可以观看预先录制的虚拟课堂教学情况了。

（3）异步学习

除了参加实时的学习外，学生还可以在自己方便的时间，登录到系统，选择相关的网络教程进行异步学习。

学生对课程的远程学习主要是通过教程实现的。教师将制作好的教程引入后，选择学习对应课程的学生就可以通过学习界面学习其中的内容。

1）在线学习。

学生进入学习界面后，可以对教程内容进行在线学习。从教程大纲中点选某个教学活动条目，系统会根据条目的类型（文本演示、多媒体演示、测试评估等）以不同的形式在 Web 界面上显示相应的教学内容。

2）离线学习。

离线学习文件包会被下载到学生的本地计算机上，其中的教学内容可以在本地运行。每当学生在线访问该教程时，都会检查教程内容是否更新。如果内容有变化，则提示学生下载最新变化的内容；如果教程结构发生了变化，则学生将下载最新的教程包。

（4）辅助教学

除了对课程的内容进行教学外，平台还提供其他一些辅助教学手段来完善教学的过程和增强教学的效果。

1）讨论答疑。

设置对应的在线学习讨论区，学生和教师可以在讨论区中进行异步的网上答疑和讨论。讨论区可以针对课程分隔，也可以根据一定的类别进行设置。

2）测试评估。

教师可以在教程中加入测试评估（如学前测试、学后效果测试等）内容，测试内容可以由多道题目组成，让学生给出自己的选择答案。这样不仅可以让教师获得学生的学习状况信息，还可以让学生检验自己的学习效果。

3）在线考试。

在线考试是一个综合的过程，它实现了网络考场、自动计分、手工阅卷和成绩录入等多个过程。其中，考试的试卷基于系统的题库生成，可以是提前定制的，也可以是在考试开始时随机组题。考试的时间由系统设定并控制，结束后自动退出并对客观题进行自动算分。对于主观题，教师可以在考试后进行网上批阅，最后给出学生本次考试的成绩。

（5）教学资源管理

教学资源管理模块主要是对教学资源进行统一、有效的管理，其中资源类别的划分是参考国家通用的资源分类标准进行的。主要功能包括：

1）资源提供。

授权用户（教师和管理员）可以新建资源文件，并将本地的资源文件上传到资源服务器上，以供其他用户使用。

2）资源管理。

教学管理员可以利用此功能对各类资源进行方便、统一、快捷的管理。

3）资源使用。

一般来说，用户可以按照资源类别来浏览所有已经审核发布的资源，并从中选择所需要的资源文件进行下载或在线播放。

（6）校园智能综合管理平台

在校园数字安全管理的基础上，增加学生轨迹跟踪管理、学生一卡通管理、学生活动家长调看管理、教师工作业绩数据挖掘、学生学习效果综合评价、学生行为综合评价等功能，并与智慧城市的相关系统实现互联，如与人口数据管理系统、个人电子病历管理、社会保障系统、就业管理系统等实现数据共享。

6.12.3 建设运营模式

智慧教育项目部分属于非经营性准公共物品，该类项目适合采用智慧投融资、企业建设运营的模式；部分项目属于准经营性准公共物品，该类项目企业参与运营的积极性较高，可以采用智慧引导、市场化运作模式（见表 6-12）。

表 6-12 智慧城市建设运营模式选择参数表（13）

项目	纯经营性	准经营性	非经营性	公共物品	私人物品	准公共物品	公益性	保密性	系统性	建设运营模式
城市教育云平台		√				√	强	弱	弱	政府投资企业建设运营
智能课堂平台		√				√	强	弱	弱	
教师智能工作平台			√			√	强	弱	弱	
校园智能综合管理平台			√			√	强	弱	弱	

项目	纯经营性	准经营性	非经营性	公共物品	私人物品	准公共物品	公益性	保密性	系统性	建设运营模式
网上学习社区		√				√	强	弱	弱	政府引导市场化运作
学生智能学习平台		√				√	强	弱	弱	

6.13　智慧食品药品安全

6.13.1　建设目标

提高食品药品安全领域精细化管理水平，打造全业务融合的日常监管体系，以预防为主、平战结合的应急体系，以及各政府部门协同的预警预防体系，实现城市食品药品安全日常监管、应急指挥、预防预警三位一体的综合监管体系。

6.13.2　建设内容

建立统一标准数据中心，实施食品药品流向追溯系统、温湿度在线监测系统和从业人员远程培训系统建设，通过统筹顶层设计，完成全市食品药品监管信息化平台架构设计，提高对食品及涉药单位非现场监管和人员培训的信息化水平，实现对重点食品和涉药单位生产、出厂、流通、运输、储存、配送至使用全过程的动态监控。实施日常监管系统、稽查办案系统、食品药品监督抽验管理系统和企业诚信管理系统建设，形成食品及涉药单位综合监管电子档案，实现监督检查情况、药品抽样情况、案件从举报受理到行政处罚各环节全录入，系统信息整合共享，即时统计分析，为日常监管提供依据，实现监管精细化；根据记载的食品及涉药单位优良记录和不良记录，按照标准自动判定企业诚信等级，实现诚信等级分类智能化。实施网上行政审批系统、行政办公系统、预警应急系统和信息发布（短信）平台建设，形成统一、稳定的政务信息网络体系和信息化应用平台，建立健全的安全预警信息系统，形成方便、直观和快捷的应急指挥平台，全面实现与公众联系紧密的业务管理及服务基于互联网展开的应用，打造管理服务型信息化政府部门。

智慧食品药品安全的主要建设内容是建设涵盖行政管理、检验监控、公共服务、预警与应急指挥在内的智慧应用平台。

将物联网、传感技术、现代通信技术等先进技术手段与食品药品企业生产、供应链管理相融合，完善食品种植（养殖）、生产、加工、流通、消费等关键环节的追溯与检验监控，建设健全、便捷、智能、高效的公共服务平台，打造以预防为主、平战结合的应急指挥中心。以系统集成、信息共享、通信融合、功能协同为目标，建设内容包括食品药品安全综合监控中心、食品药品安全预警与应急指挥中心、食品药品信息公共服务平台。

6.13.2.1　食品药品安全综合监控中心

市食品药品管理局、市农业局、市质量技术监督管理局、市卫生局、市工商局、市粮食局、市商务局等相关部门根据自身的行政职能，对食品生产、流通、消费各环节协同进行食品准入管理，建立食品监管台账，记录检验检疫结果和重大安全事故等信息；并根据权限在食品药品安全信息共享交换平台的检验监控平台进行信息共享。市食品药品监督管理局对药品的研制、生产、流通、使用进行统一监控。

6.13.2.2　食品药品安全预警与应急指挥中心

食品药品安全预警与应急指挥中心满足本市食品药品安全应急工作，

实现与市级应急平台互联互通，重点实现监测监控、信息报告、综合研判、指挥调度、移动应急平台接入和异地会商等主要功能。

6.13.2.3 食品药品信息公共服务平台

食品药品信息公共服务平台是实现管理者、经营者、消费者互动的交流平台，管理不仅可以把监管、预警的信息发布到服务平台，也可以根据消费者、经营者反馈的情况进行进一步查证落实；消费者可以通过服务平台追溯查询所购买的食品、药品生产及流通信息，也可以对发现的不正常现象通过电话、网络等工具进行投诉，从而实现全民监管；经营者可以查看相关法律法规，通过互动提升业务水平及品牌效益。

6.13.3 建设运营模式

智慧食品药品安全项目大多数属于非经营性准公共物品，其公益性很强，如果没有很好的激励措施，企业参与运营的积极性不高，该类项目多数需要政府主导、投资企业参与（见表6-13）。

表 6-13 智慧城市建设运营模式选择参数表（14）

项目	纯经营性	准经营性	非经营性	公共物品	私人物品	准公共物品	公益性	保密性	系统性	建设运营模式
食品药品安全综合监控中心			√			√	强	弱	弱	政府主导投融资企业参与或BT模式
食品药品安全预警与应急指挥中心			√			√	强	弱	弱	
食品药品信息公共服务平台			√			√	强	弱	弱	

6.14　智 慧 园 区

6.14.1　建设目标

　　智慧园区是通过主题园区和虚拟园区的同步建设，在"园区"基础上建立的一个新平台，加强国内各类园区创新、服务和管理能力，来体现"大制造"的概念。本领域侧重于工业园区，其目标在于盘活园区内各方角色的资源，提升园区整体形象。

　　"智慧园区"标志着园区整体制造业信息化由低、中级水平向高级水平挺进。打造"智慧园区"，即发展智能制造信息化建设，实现从网络基础设施、IT 共性技术资源到公共智能应用和服务管理的信息化支撑，满足企业及员工对信息化基础和公共设施的需求，集高清数字生活一体化，实现园区智能信息化设施的"三统"（统规、统建、统维）和"三共"（共享、共用、共生），并通过智能化手段实现园区管理方与企业的共同发展。打造智慧园区，在园区内从各方面进行信息的协调和整合，而且可以在园区之外形成"智慧"吸引的效应，从而大幅度提升园区品牌。

6.14.2　建设内容

6.14.2.1　建立园区绿色数据中心

　　融合中国电信、中国移动运营的中间服务商共同成立园区网络中心，建设绿色、环保的园区数据中心，使光纤与无线宽带覆盖园区，实现物理集中、逻辑分离、可持续发展，用于满足园区自身服务管理平台、软件园门户、公共技术服务平台等对服务器设备、操作系统、数据库、存储资源等的需求，同时为园区企业提供网站托管、主机托管、虚拟主机、应用托管等多种增值服务。

6.14.2.2　建立园区共用信息发布平台

大堂、电梯轿厢等公共部位设置信息发布终端，用以播放新闻、电视、广告、自制信息等公众信息，并将分布在园区各自建设的所有信息发布终端联网，统一汇集到信息发布中心，信息中心设立统一的发布平台，实现信息同步播放，播放内容由用户自己决定，方便灵活。

6.14.2.3　建设园区"一体化云服务监控平台"

针对园区内不同的智能应用系统，通过"一体化云服务监控平台"对园区进行实时监控、物业管理、OA 办公等功能集成，解决园区内各智能化系统之间的整合与协同问题。对园区的应用现状进行分析，提供多种集成形式和服务手段，增强信息管理和分析，满足园区不同层面管理人员的应用。通过基于物联网的三网合一的无线网络，实现远程监控，根据园区的个性化要求，通过服务编排、组合、扩展新的服务，满足园区内智能化系统的进一步扩展应用要求，实现全局信息的综合管理、远程控制，提高节能水平，降低运营成本。

6.14.3　建设运营模式

智慧园区项目大多数属于纯经营性私人物品，公益性和保密性一般，企业参与运营的积极性较高，该类项目适合智慧引导市场化运作的模式，鼓励社会资本进入智慧园区建设（见表 6-14）。

表 6-14　智慧城市建设运营模式选择参数表（15）

项目	纯经营性	准经营性	非经营性	公共物品	私人物品	准公共物品	公益性	保密性	系统性	建设运营模式
园区绿色数据中心	√				√		中	中	中	政府引导市场化运作
共用信息发布平台	√				√		中	中	中	
一体化云服务监控平台		√			√		中	中	中	

6.15　智慧文化

6.15.1　建设目标

以整合拓展优质文化资源，改善文化传播体系结构，完善产业布局的技术平台为主线，以推进公共文化服务体系建设为重点，扩大依托先进信息化技术为手段的现代化文化传播覆盖范围，用丰富的文化成果普惠市民，增强城市文化的实力和竞争力，形成均衡化、优质化、特色化、现代化的文化优势。

智慧文化将通过使用先进的信息采集、信息通信、信息处理和云计算等技术，构建覆盖全市范围的立体化、共享化文化传播体系，优化文化产业服务平台，实现公共文化服务的资源整合、内容丰富和手段创新，为构建城市大文化体系提供可持续发展的基础。

6.15.2　建设内容

依据智慧文化的建设目标，城市智慧文化的建设内容可以概括为：三个体系、一张网络、一个中心、十个平台。

三个体系，指智慧文化建设中需要建立和遵循的基础支撑体系、标准规范体系和安全保障体系。

一张网络，指覆盖全市并辐射周边地区的文化传播网络。

一个中心，指支撑文化资源存储与共享的智慧文化云数据中心。

十个平台，指文化资源网络服务平台、社区/家庭文化资源服务平台、文化市场管理平台、文化设施安保监控平台、数字化展览服务平台、文化艺术培训服务平台、网络出版综合服务平台、文化旅游服务平台、广电媒体内容生产与服务平台和文化创意产业发展服务平台。

6.15.2.1　文化资源网络服务平台

（1）智慧图书服务

智慧图书服务是在城市图书馆自动化、数字化等现有条件及城市文化信息资源共享工程建设的基础上提出的。智慧图书服务将创建一个数字图书馆的基本框架，拥有购买和自建数字资源 50TB 以上，初步形成学科资源内容建设科学合理、结构优化、配置恰当、汇集多种媒体及格式的数字化资源中心；建设信息捕捉、提取、发布、搜索的导航站点及特色数字资源生产加工中心；依托网络，采用现代信息技术和科学的管理手段，建设一个技术先进的图书自动化管理体系和快速畅通的网络环境，支持现代网络环境下文献信息的收集、加工、开发、利用，并能满足读者通过网络获取信息的需求；开展一系列多层次、交互式的文献信息服务，为读者提供具备资源整合和电子导航功能的统一的检索界面和个性化定制服务，最大限度地满足读者检索文献信息的需求；通过统一资源整合服务平台的应用，建设以市图书馆为中心、各区级图书馆为辅助的市公共图书馆数字资源加工网络，实现数据整合、共同加工、数据共享、分布式部署和统一资源服务的目标。

（2）舞台剧目演出信息服务

建设全市舞台剧目演出信息服务平台，观众可以在网上在线了解舞台剧目演出的相关信息，包括了解剧目内容、主创人员、演出情况等，还可以在网上订票、选择座位等。

6.15.2.2　社区/家庭文化资源服务平台

随着信息网络技术、流媒体播放技术的不断融合，除了以电脑终端作为主动获取信息的主要手段的传统模式之外，采用电视进行信息展现，能够构造更宽广的信息获取空间和时间，创建弥散式信息氛围。社区/家庭中电脑和宽带网络普及可能没有实现全覆盖，但是电视网络基本上已经实现了市民全覆盖。在这种情况下，社区/家庭文化资源服务将会有更大的发展空间。而且传媒界也在不断尝试新媒体的运营，手机电视、地铁电视、银行电视、医院电视为公众带来新的信息体验，推动了文化信息发布和共享的新模式。

通过电视（等离子、液晶、大屏幕）实现文化多媒体资讯的发布、播放和管理，实现"指定时间、指定地点、指定模式播放指定内容"这一崭新的传媒理念，让文化资源共享成为非常便利的随调随有的信息服务。

关注市民享受的社区文化服务，通过社区/家庭文化资源服务平台的建设，将文化服务推进社区，利用现有的覆盖社区、行政村的文化室、文化站，为市民提供便利的文化资源服务，让没有网络或者不会使用电脑的市民也能轻松地享受到文化资源服务。

社区/家庭文化资源服务平台包括以下几项功能：

文化资源的浏览和检索：通过电视机遥控器在电视上进行文化资源库的浏览和检索，查找自己希望点播收看的电子书、视频、文艺演出录像等。

互动和交流：针对演播的内容提问或者发表评论，其他用户可以查看这些内容并且进行回复和转载等操作，形成基于电视的文化资源类互动平台。

6.15.2.3　文化市场管理平台

随着全国文化市场规模的不断扩大，为适应新形势下文化文物市场管理与执法的需要，进一步提升城市文化市场管理和执法的信息化、现代化水平，结合城市文化文物市场管理与监察执法的现实状况，利用计算机技术、网络技术和 GIS 技术，建立城市文化文物市场管理与执法综合信息系统，实现文化文物市场管理中业务审批、监察执法的信息化和网络化。

6.15.2.4　文化设施安保监控平台

充分利用现有平安城市视频监控系统的建设成果，在智慧城市建设过程中，结合博物馆、图书馆、文化馆、展览馆、剧院等不同文化基础设施的安保需求，利用 RFID 标签、GPS 芯片等感知设备，建立文化设施安保监控平台，维护场馆正常服务秩序，保障藏品安全。

实现重要文物定位。为重要文物贴附 RFID 标签和 GPS 定位芯片，一旦重要文物离开预定位置将自动报警，保障重要藏品的安全。

实现场馆物联网监控。通过温度、烟雾、红外、视频等各类监控感知设备对场馆进行全面的监控，维护场馆正常服务秩序。

6.15.2.5　数字化展览服务平台

数字化展览是以展品和展览空间的数字化为基础，搭建互联互通的网络体系，实现不同展品、参展方和参观者之间的信息共享、内容共建和体验共享等综合利用的新型展览模式。数字化展览需要展项基于数字化理念设计，做好实体展览和虚拟展览之间的结合。数字化展览的特点是对实体展览的网上导引、展览形式的补充与互动体验的延伸。数字化展览顺应了展览应用发展的新趋势，提供一个信息整合网络化、信息显示多媒体化、信息更新实时化和信息体验互动化的全新平台。

随着虚拟现实技术的不断进步，数字化展览不仅能完整地还原现实展览情况，更能让参观者进行互动，让参观者体验到前所未有的乐趣。通过智慧文化领域的建设，建设数字化展览服务平台，为会展行业提供数字技术服务，实现短期的实体展览结合长期的网上展览，把大家真正带入数字展览的新时代。

数字化展览服务平台不会完全替代传统展览，而是传统展览的有益补充和未来发展趋势。数字化展览服务平台的主要功能，包括高度仿真的展品展示、支持多种流媒体格式的在线视听服务、展览信息服务和电子商务服务等，可广泛应用于展览展示、活动会展、商务沟通、工业产品演示、文化传播等多个领域，带来真正的"量身定制、互动参与、永不落幕"的在线展示。

6.15.2.6　文化艺术培训服务平台

推动社会主义文化艺术大发展大繁荣，文化艺术领域的人才队伍建设是基础，是提升文化艺术行业科技创新能力的基本保障。在党和政府的高度重视下，近年来，文化科教工作取得了长足进展。不过，相对于建设文化强国的战略目标，这一领域还存在一些困难，包括缺乏相应的人员保障、制度保障以及财政保障，发展不均衡，缺乏必要的智力支持等。

现阶段文化艺术领域的人才建设主要依靠专业培训、参加专业培训班，或者依靠传统师傅授徒的方式。这些方式具有时间、空间的限制，不利于文化艺术的快速传播及发展。

利用先进信息化手段，打造数字化文化艺术培训平台，作为传统培训班的一个重要的补充，可以摆脱传统的培训时间、培训区域的局限，促进文化艺术传播及发展；加强文化艺术领域人才的管理，及时调整文化艺术领域人才培训方向，使文化艺术领域人才均衡、全面发展，与社会发展相协调；促进文化艺术领域的培训机制逐步完善，通过文化艺术培训服务平台，聘请行业专家座谈，倾听广大文化艺术界人士的心声，集思广益，实现领域制度及保障逐步完善。文化艺术培训服务平台的主要功能包括以下几个方面。

文化艺术网络课程中心：实现网络教学，具有备课、制作多媒体课件、调用教学资源，提供网络答疑、邮件、布置提交作业等功能。

文化艺术培训互动交流平台：依据文化艺术培训的主题或者专业建立网上互动交流平台，为培训机构和人员与被培训者之间架起沟通的桥梁，提供信息交互、沟通咨询、信息反馈、建言献策的网络渠道。

艺术职业教育共享资源库：通过该功能对各类数字化培训资源（电子图书资料、各专业的网络精品课程、多媒体课件、教学示范作品、教学资讯、课程录像、演出视频、多媒体素材、音像资料）进行集中管理，具有上传、管理、检索、收藏、下载、评价等功能，并具备针对不同用户采用严格的资源审核与资源发布策略，实现文化艺术职业教育信息资源的采集与发布。

文化艺术培训机构服务：包括文化艺术培训机构的信息介绍、授课内容及相关文化知识介绍、在线招生、互动交流等。

文化艺术培训市场监督管理：文化艺术培训市场管理部门可通过该平台发布相关的法律法规、通知公告，接受市场投诉，对违规机构进行公布，评选和推介优质文化艺术培训机构，引导文化艺术培训市场健康发展。

6.15.2.7　网络出版综合服务平台

在智慧城市的文化领域建设中，利用云计算技术，搭建网络出版综合服务平台，将海量数据与超大规模数据中心进行关联交易及服务，把云服务中心的计算与存储能力以低成本、高效能、高可用的方式，提供给出版商、渠道商和个人出版者等，以实现数字出版业向云出版时代的迈进。

对于出版商而言，加入该平台可以实现数字资源的自主授权、自主选择商业模式、安全发行和透明结算；对于渠道商而言，通过该平台，可以快速搭建数字资源运营平台，及时获取正版资源并实现跨媒体阅读。

对于终端读者，综合服务平台可实现基于移动互联网的图书、报纸、期刊购买与分发，读者可以使用手机支付等便利的支付渠道，购买感兴趣的数字出版物。主要功能包括统一检索、分类浏览、主题导航、全文获取、引文分析等服务，支持用户在线订阅、查询、批注、反馈等操作。

6.15.2.8　文化旅游服务平台

通过文化旅游服务平台的建设，能够有效促进文化与旅游融合发展，充分发挥文化产业与旅游业关联度高、协同性强的特点，积极推动文化与旅游的深度结合，提升旅游的文化内涵。文化旅游服务平台有以下几个主要功能。

数字文化地图：采集和索引各类文化旅游资源，基于地图查询定位，在文字基础上配合图片、视频，将城市文化旅游资源的相关信息在数字文化地图上展现出来，包括各景点的介绍、游览导航、文化背景、周边设施等内容。

旅游多媒体展示服务：运用三维虚拟仿真技术、虚拟投影互动系统技术、全息纳米感应触摸技术、CCD 光学触摸技术、无线互动游戏技术等，具有较强的实时与临场感，能增强游客体验感，达到有效激发游客深度旅游欲望的目的。

移动旅游信息服务：可以帮助旅游者在旅途中随时查看旅游线路地图，对宾馆、酒店、车辆等进行预订，旅游者可以随时随地通过手机在网上进行聊天和讨论，与其他人分享旅途中的见闻和心得。

基于地理位置信息的旅游导览与解说服务：可以自动判定旅游者的当

前位置，推送附近旅游景点的相关信息，引导旅游者前往。该服务还可以依据旅游者当前所在景点，推送该景点的解说服务，帮助旅游者更好地理解该旅游景点的文化内涵。

精品旅游线路推荐服务：可以依据旅游者的兴趣爱好或旅游主题，通过智能组合，为旅游者制定合理优化的旅游路线和内容，如红色旅游、非物质文化遗产旅游等。

6.15.2.9 广电媒体内容生产与服务平台

随着广播电视业务服务的内容、形式不断丰富，对运营支撑管理的要求也越来越高。同时，根据广电行业的监管要求，需要构建整合技术监测、节目监管、安全播出调度指挥等功能的广播电视监管平台，在监测监管数据的统计、分析、处理以及信息发布方面提供技术支撑。因此，需要利用云计算技术构建广电媒体内容生产与服务平台，提供便捷的收费结算服务、跨域 BOSS 系统建设、规模数据的共享与处理、信息系统的维护和升级等，可显著提高广电领域服务和管理水平。

广电媒体内容生产与服务平台可以共享媒体资源，实现内容资源的最大利用。广电领域是天然的需要云计算技术和服务的领域，主要原因就在于其海量的音频、视频文件的存储、转换和使用。电台、电视台、节目集成平台、有线电视运营商等拥有丰富的媒体、内容等多种资源，但是目前由于技术系统能力的限制以及孤岛式的媒体资源管理体制，造成大量媒体资源利用效率低下。对现有各内容资源管理系统进行云计算改造，建立广播影视节目内容资源池，可以实现内容资源的数字化、海量存储、数据共享，形成超强的检索挖掘和内容生产制作能力，提高资源使用效率，丰富节目内容，降低运营成本。在服务上，能有效应对三网融合和下一代广电网建设的挑战，帮助广电向数字网络和双向化转型，提供综合信息服务，促进传统媒体和新媒体的融合。云计算在加强新媒体视听内容生产制作和开发面向多平台、多媒体、多终端的新型节目形态上具有优势，能很好解决视频、音频文件格式在不同终端转换的问题，加快节目的传播速度，提升用户体验。此外，云计算技术还能通过挖掘用户数据，帮助分析用户行为，提供分时段、分人群、更有针对性的节目和广告。

6.15.2.10　文化创意产业发展服务平台

文化创意产业已成为城市转变经济发展方式、提升经济发展质量的新引擎。为促进文化创意产业健康快速发展，在智慧城市的文化领域建设中，将搭建文化创意产业发展服务平台，利用物联网、云计算等先进信息技术手段，整合文化创意产业相关的各种资源，构建扶持文化创意企业发展的几个公共服务功能。具体包括：

企业交流服务：接受企业会员注册，进行行业资讯发布、企业交流互动、资源共享及应用等服务。

科研成果转化服务：实现文化创意产业相关的科研成果的信息采集与发布，实现产研对接，促进文化创意科研成果在文化领域的推广和应用，积极拓展新型文化创意产品和服务，提升文化创意产业的整体技术水平和市场竞争力。

金融信息服务：动漫产业链长，前期投入高，而从事动漫的多是中小型企业，普遍面临融资难题。金融信息服务将采集和融合企业信息、项目信息、产品信息、投资机构信息等，为动漫游戏企业的发展提供融资信息服务。

宣传推介服务：集产品展示、发布、宣传、体验、互动、娱乐、电子商务、培训于一体。

中介机构服务：提供文化创意产业咨询、经纪、代理、评估、鉴定、推介、拍卖等中介组织，充分发挥文化创意产业中介机构和行业组织作用。提供知识产权代理、市场调查、法律咨询等专业化、社会化服务，规范中介行为，完善文化市场运行机制。

6.15.3　建设运营模式

　　智慧文化项目大多数属于纯经营性私人物品，公益性较强，保密性和系统性较弱，赢利模式多样化，企业参与运营的积极性较高，该类项目可采用政府引导、市场化运作的模式，鼓励社会资金进入智慧文化领域建设，为社会提供多元化服务，提升社会服务质量（见表6-15）。

表 6-15　智慧城市建设运营模式选择参数表（16）

项目	纯经营性	准经营性	非经营性	公共物品	私人物品	准公共物品	公益性	保密性	系统性	建设运营模式
文化传播网络	√				√		强	弱	弱	政府引导市场化运作
云数据中心	√				√		强	弱	弱	
十个平台	√					√	强	弱	弱	

6.16　智 慧 建 筑

6.16.1　建设目标

　　以建筑物为平台，兼备信息设施系统、信息化应用系统、建筑设备管理系统、公共安全系统等，集结构、系统、服务、管理及其优化组合为一体，向人们提供安全、高效、便捷、节能、环保、健康的建筑环境。

　　对弱电子系统进行统一的监测、控制和管理：集成系统将分散的、相互独立的弱电子系统用相同的网络环境相同的软件界面进行集中监视。

实现跨子系统的联动，提高大厦的控制流程自动化：弱电系统实现集成以后，原本各自独立的子系统从集成平台的角度来看，就如同一个系统一样，无论信息点和受控点是否在一个子系统内都可以建立联动关系。

提供开放的数据结构，共享信息资源：随着计算机和网络技术的高度发展，信息环境的建立已不是一件困难的事。

提高工作效率，降低运行成本：集成系统的建立充分发挥各弱电子系统的功能。

6.16.2　建设内容

6.16.2.1　智能化集成系统

智能化集成系统是指将不同功能的建筑智能化系统，通过统一的信息平台实现集成，以形成具有信息汇集、资源共享及优化管理等综合功能的系统。

6.16.2.2　信息设施系统

信息设施系统是指为确保建筑物与外部信息通信网的互联及信息畅通，对语音、数据、图像和多媒体等各类信息予以接收、交换、传输、存储、检索和显示等进行综合处理的多种类信息设备系统加以组合，提供实现建筑物业务及管理等应用功能的信息通信基础设施。

6.16.2.3　信息化应用系统

信息化应用系统是指以建筑物信息设施系统和建筑设备管理系统等为基础，为满足建筑物各类业务和管理功能的多种类信息设备与应用软件而组合的系统。

6.16.2.4　建筑设备管理系统

建筑设备管理系统是指对建筑设备监控系统和公共安全系统等实施综

合管理的系统。

6.16.2.5 公共安全系统

公共安全系统是指为维护公共安全，综合运用现代科学技术，以应对危害社会安全的各类突发事件而构建的技术防范系统或保障体系。

6.16.2.6 机房工程

机房工程是指为提供智能化系统的设备和装置等安装条件，以确保各系统安全、稳定和可靠地运行与维护的建筑环境而实施的综合工程。

6.16.3 建设运营模式

智慧建筑项目属于纯经营性私人物品，公益性、保密性和系统性都比较弱，智慧建筑项目的建设水平都是企业自发控制，该类项目适合采用政府引导、市场化运作的模式，政府制定相关标准，企业按照标准完善改进（见表6-16）。

表6-16 智慧城市建设运营模式选择参数表（17）

项目	纯经营性	准经营性	非经营性	公共物品	私人物品	准公共物品	公益性	保密性	系统性	建设运营模式
智能化集成系统	√				√		弱	弱	弱	政府引导市场化运作
信息设施系统	√				√		弱	弱	弱	
信息化应用系统	√				√		弱	弱	弱	
建筑设备管理系统	√				√		弱	弱	弱	
公共安全系统	√				√		弱	弱	弱	
机房工程	√				√		弱	弱	弱	

6.17　智慧管网

6.17.1　建设目标

充分整合利用现有城市管理资源、理顺管理机制，通过整合管线探测技术、传感技术、管线标识技术、互联网技术、云计算技术等多种先进的物联网技术手段，优化监督和执行分离协作的管理体制，精简城市管理流程，实现精确精细、敏捷高效、全方位、全时段覆盖的城市管网管理新模式。建立一体化、可视化、智能化综合管网信息共享平台，集成和管理海量地上、地下三维模型数据，实现城市地上、地下三维模型实时在线的一体化浏览、属性查询、空间分析、方案比较、剖面分析等功能，辅助城市地下空间规划审批，更好地为城市地下空间建设、管理和相关行业提供全方位空间信息服务。最终建成国内领先的智慧管网综合管理系统，使城市管网管理更快捷主动，运转更高效灵活。

6.17.2　建设内容

依据智慧管网领域的建设目标，其建设内容主要包括：

6.17.2.1　前端感知层

利用管线探测技术、RFID 技术、各种传感技术进行城市各种数据和事件的实时测量、采集、抓取和识别，并通过传输通信模块将管网数据连接到数据层和应用层。

6.17.2.2　传输层

通过移动 3G、4G 互联技术，CDMA、GPRS 移动传输方式，RF 射频传输方式，传感监控网（zigbee、WiFi）实现前端感知层采集数据的上传和交互，为系统的数据获取和决策提供数据支持。

6.17.2.3 平台基础设施层

平台基础设施层是整个平台管理系统运行的硬件保障。主要包括服务器、存储设施、打印设备、大屏幕等，为平台的运行提供数据存储、软件运行、数据打印和可视化等服务。

6.17.2.4 数据层

数据层是系统数据存储和管理的中心，由基础地理信息数据库、状态监测数据库、案例知识数据库、应急预案数据库、元数据库、专业管线数据库、综合管线数据库、移动办公数据库等组成。

6.17.2.5 运维支撑层

运维支撑层主要包含 GIS 引擎、报表引擎、智能数据处理软件等应用支撑软件。这些支撑软件为系统的开发、部署、应用提供了各项支撑，简化了系统实施的过程。

6.17.2.6 应用层

应用层即智慧管网信息系统管理平台。该平台借助于运维支撑层提供的应用服务，建立地管网业务所需的各个系统，实现城市管网管理的智慧化。该层主要包括地下管网等几个系统的建设。

6.17.2.7 标准规范体系

在系统建设过程中，充分参考各种国家技术规范和行业标准，在技术上和管理上提供标准化依据，逐步形成智慧管网的信息化标准。标准规范体系是系统正常运行的重要保障，包含了两方面的含义：数据标准化和管理标准化。数据标准化是指针对空间数据及相关业务数据的标准化体系的建立；管理标准化是指制定城市管理各个相关负责主体的工作规范、考核标准等，以健全日常工作体系。

6.17.2.8　信息安全体系

在系统建设过程中，充分考虑各层次的安全措施和安全技术手段，通过软硬件技术和安全管理手段以保证系统在安全稳定的环境中运行。

6.17.3　建设运营模式

智慧管网公益性强，前期可经营性差，后期建设完善后赢利空间会增大（见表6-17）。

表 6-17　智慧城市建设运营模式选择参数表（18）

项目	纯经营性	准经营性	非经营性	公共物品	私人物品	准公共物品	公益性	保密性	系统性	建设运营模式
智慧管网项目		√				√	强	中	中	政府主导企业参与或 PPP 模式

6.18　智慧电网

6.18.1　建设目标

以高速双向通信网络为集成，应用先进的传感和测量技术、控制方法及决策支持系统技术，形成智能电网运行控制和互动服务体系，使电网的资源配置能力、安全水平、运行效率，以及电网与电源、用户之间的互动性显著提高，达到运行可靠、安全、经济、高效、环境友好和使用方便的目标。

6.18.2　建设内容

6.18.2.1　计算分析平台

建立开放的、完整的、统一的电网计算分析平台。实现电网的实时仿真计算，为电网规划、建设、运行、管理提供全局性的、统一的、共享的数据和计算分析工具。

6.18.2.2　智能调度中心

以电网高度信息化为前提，以大电网安全稳定运行控制技术为手段，建成完整的智能电网决策控制体系，逐步实现动态安全监测、预警和预控，支持电网运行状态的灵活控制，满足国家节能减排和电力市场不同主体的多种要求，提升电网运行水平，提高接受大规模新能源的能力。

6.18.2.3　智能化生产管理系统

建设智能化生产管理系统，对电力设施运行状态进行在线监测，合理安排检修和更新，实现电力设施全寿命优化管理。

6.18.2.4　智能化变电站

研究建立智能化变电站的技术标准，推广智能化变电站建设，全面提升电网信息采集、实时控制、动态调整技术水平，实现各类电源及用户的无扰接入、有序退出，支撑各级电网的自愈可调。

6.18.2.5　智能电网小区

研究智能电器与电网的互动技术和模式，实现用户参与电力市场互动交易，推行先进的电能利用方式，提高电能在终端能源消费中的比重，提升电网综合服务水平，满足用户多元化需求。

6.18.3　建设运营模式

智慧电网项目大多数属于准经营性私人物品，其公益性强，保密性和系统性一般，该类项目涉及国家战略投资，适合国家投融资、企业参与建设运营或 BOT 模式（见表 6-18）。

表 6-18 智慧城市建设运营模式选择参数表（19）

项目	纯经营性	准经营性	非经营性	公共物品	私人物品	准公共物品	公益性	保密性	系统性	建设运营模式
计算分析平台		√			√		强	中	中	政府投融资企业参与或 BOT 模式
智能调度中心		√			√		强	中	中	
智能化生产管理系统		√			√		强	中	中	
智能化变电站		√			√		强	中	中	
智能电网小区	√				√		强	中	中	

6.19 智慧消防

6.19.1 建设目标

智慧消防系统是将 GPS（全球卫星定位系统）、GIS（地理信息系统）、GSM（无线移动通信系统）和计算机、网络等现代高新技术集于一体的智能消防无线报警网络服务系统。利用该系统消防指挥中心与用户单位联网，可实现报警自动化、接警智能化、处警预案化、管理网络化、服务专业化、科技现代化，大大减少中间环节，极大地提高处警速度，真正做到方便、快捷、安全、可靠，使人民生命、财产的安全以及警员生命的安全得到最大限度的保护。

6.19.2 建设内容

6.19.2.1 用户平台

用户平台由报警终端和报警接收机两部分组成，它们之间采用的是无线通信方式，不需专门布线，安装简便，性能可靠。报警终端采用当今最先进的传感技术，当发生火灾时，只需按一下手动按钮，报警信号就会被迅速传送到报警接收机，启动接收机处的声光报警装置，并通过转发器传送到 119 指挥中心。火灾发生时，如果现场无人按下按钮，各种智能传感器都会自动将报警信号传送到报警接收机，启动接收机处的声光报警装置，并通过转发器传送到 119 指挥中心，安全、快捷，可防止误报、漏报。

6.19.2.2 传输平台（转发平台）

转发平台由无线转发器、有线转发器组成。主机接收到报警信号后，值班人员核警后启动转发平台，该平台便将主机接收到的报警信号通过公共有线网络（DDN/PSTN）和公共无线网络（GSM）以数字信号形式传送到指挥中心，同时将信号通过 GSM 网传送到相关负责人的手机上。如果值班室无人，转发平台则在规定的时间内自动将信号转发，如警情不实，则可追究值班人员的责任，最大限度地杜绝了因谎报、误报而产生的问题，避免了警力的无谓浪费。

6.19.2.3 指挥平台

指挥平台设在消防支队，并联消防中队。消防平台配置的软件系统有：消息服务器、数据服务器、监控客户端、通讯控制器、视频切换器、

LED 传输控制程序、MIS 管。

6.19.2.4　消防移动端（消防车）

消防车上装有 GPS 车载台，它包括：车载主机、显示屏、通话手柄等。指挥车可根据用户需要，配备图像传输系统、小型监控中心等。火灾发生时，装有 GPS 车载台的消防车，可与消防指挥中心进行实时联系，实时接收中心发来的信息，实时向中心传递消防车的状态信息。

6.19.3　建设运营模式

智慧消防项目大多数属于非经营性准公共物品，其公益性强，保密性和系统性要求不高，除了用户平台需要用户自己购买，几乎没有其他的赢利模式，该类项目需要政府投资、企业参与建设运营（见表6-19）。

表 6-19　智慧城市建设运营模式选择参数表（20）

项目	纯经营性	准经营性	非经营性	公共物品	私人物品	准公共物品	公益性	保密性	系统性	建设运营模式
用户平台	√					√	强	弱	弱	政府引导市场化运作
传输平台			√			√	强	弱	弱	政府主导企业参与
指挥平台			√			√	强	弱	弱	
消防移动端			√			√	强	弱	弱	

6.20　智　慧　安　监

6.20.1　建设目标

运用物联网、云计算、智能视觉、信息传输等基础设施平台，采集与安监有关的监测设备的实时数据，整合安全生产监督管理信息资源，建立数据采集、电子政务、监测预警、应急救援等基于物联网的信息化系统，实现安全生产监管业务与信息化深度融合；初步形成监管监察便捷高效、宣传教育广泛普及、重点行业智能管控、应急救援快速响应、各职能部门统一协作的大安监格局，为全面实现安全生产信息化整体水平国内领先，打造成国家级智慧安全生产管理示范城市的目标奠定基础。

6.20.2　建设内容

6.20.2.1　网格化综合监管子系统

网格化综合监管子系统利用信息化手段建立区、乡镇为基本网格的安全生产网格，通过逐级分解、量化，明确每个网格的监管对象和范围，落实企业主体责任和各辖区责任人的安全监管职责，做到定人、定岗、定责，确保安全监管工作无遗漏、全覆盖，达到安全生产工作"横到边、纵到底"，安全生产责任明确、落实到位的要求，形成分级监管、责任明晰、定位准确、高效运转的网格化的监管体系。

6.20.2.2　安全生产视频综合应用子系统

安全生产视频综合应用子系统可实现对重点区域等部位的远程可视化控制管理、历史视频检索回放、历史视频下载、视频轮巡控制、监控预案配置管理、本地录像、抓拍等功能，实时掌握企业安全生产重大危险源、隐患排查等的动态；通过视频快照回查、控制、视频倒放、历史视频播放控制等功能，快速定位安全事故事发现场，追溯安全事故相关人员、事由等信息，支持下载、截取安全事故事发过程录像；在辖区距地面十几米至几十米的制高点位置，建设制高点监控系统，实现透雾、夜视、全景拼接等功能。该系统为安监局全方位实时监管、指导、监督企业安全生产工作提供技术支撑。

6.20.2.3　安全生产检查与隐患排查整治子系统

安全生产检查与隐患排查整治子系统实现对隐患信息上报、整改与复查的闭环管理，管理人员根据检查计划对隐患进行排查，并运用手持终端设备或在平台中录入发现的一般隐患和重大隐患的基本信息，上传整改前和整改后的图片，定期上报隐患信息和隐患整改情况；对一般隐患和重大隐患的未整改、整改中、已整改、待复查、已复查等情况进行统计分析，并生成隐患统计报表，安监局直观地了解各企业的重大事故与安全隐患信息和治理情况。该系统有助于责任到位、整改措施到位、资金到位、时限到位、预案到位"五到位"工作的落实，解决事故隐患排查工作效率不高、隐患排查不彻底、整改措施不到位的问题，有助于落实重点单位、重大隐患的排查与整治责任。

6.20.2.4　职业卫生管理子系统

职业卫生管理子系统依据企业实际业务流程以及对接触职业危害因素的岗位人员管理的业务流程设计开发，旨在实现对企业职业病危害场所及职业病危害人员的统一管理。基层各部门通过平台可以实现本部门职业病危害场所及职业病危害人员的新增、变更、撤销等上报和审批流程，以及部门领导审核、安全管理部门审核等工作流程。系统还可以自动生成相关报表并设置相应的下载及打印功能，同时建立职业病危害场所和职业病危害人员的台账信息，及时更新职业危害场所和职业健康体检管理档案，定期提醒监测和数据保存，帮助企业建立规范的职业病危害因素管理制度。

6.20.2.5　安全生产应急管理子系统

安全生产应急管理子系统是应急救援体系的主要组成部分，是以应急管理流程为主线、软硬件相结合的突发公共事件应急保障技术系统，具备风险分析、信息报告、监测监控、预测预警、综合研判、辅助决策、综合协调、总结评估与安全事故现场应急指挥等功能。能动态生成优化的综合协调方案和资源调配方案，形成实施应急预案的可视化实战指南，对于预防和应对安全生产事故和社会安全等各类突发事件，减少安全生产事故造成的损失，具有重要的意义。

6. 20. 2. 6　安全生产教育培训管理子系统

安全生产教育培训子系统能够帮助企业实现安全生产培训计划的管理和控制。安全生产管理部门可按照安全生产培训的要求通过计划、实施、总结对培训情况进行录入、管理，培训的结论可以自动计入人员档案；系统可实现下载教育培训资料、在线沟通学习、举报投诉等；系统能够建立人员安全生产教育培训档案，对特种作业人员、安全生产管理人员的相关资质证书进行统一管理，形成分门别类的安全教育档案卡、人员操作档案卡，对将要年审或再培训的人员提供证件有效期提醒功能；帮助企业快速更新不合格、将过期人员的档案信息，随时维护各类证件的发证机关等信息。该系统能够协助企业实现标准、规范的安全生产人员档案管理。

6. 20. 2. 7　安全生产打非治违子系统

安全生产打非治违子系统运用空间网络技术、数据库技术、地理编码技术等，把任务派遣、案件取证、立案处理、审批权限、核查结案等环节有机结合起来，实现对各生产企业安全生产执法监管；可在 GIS 地图上实现定位导航及显示轨迹服务，为执法办案提供支持；针对打非治违执法办案中执法人员需要查询的信息建立法律法规、地理信息、行业标准、管理制度等安全生产综合知识数据库，并提供在线查询和检索等功能。通过该系统可有效降低使用执法文书的差错率，缩短执法时间，加强对全体执法人员的监督考核，做到执法有准备，检查有效率，事后有督促考核、有统计报表、有档案台账，有效地提高打非治违行政执法工作水平，解决以往执法依据不足、执法流程不规范、执法不严、监督薄弱、执法效率不高的问题。

6.20.2.8　建设项目"三同时"管理子系统

建设项目"三同时"管理子系统实现新建、改建、扩建项目的安全设施必须与主体工程同时设计、同时施工、同时投入生产使用的动态管理，加强对建设项目安全设施的日常安全监管。各单位可在线填写建设项目安全设施"三同时"申请表、建设项目安全设施分类管理目录、建设项目安全生产影响登记表、验收申请表等过程文档，并支持可累文档的导出、打印功能；管理部门领导可在线对建设项目安全设施"三同时"相关文档进行审批、核准、备案。该系统可进一步加强建设项目安全管理，预防和减少生产安全事故，保障从业人员生命和财产安全，有助于落实有关行政许可及监管责任，督促生产经营单位落实安全设施建设责任。

6.20.2.9　危险货物综合管理子系统

危险货物综合管理子系统对危险货物进行统一管理，实现危险货物从生产、销售、检验、运输到报废全生命周期的动态流转跟踪管理，对危险货物的基本信息进行在线填报、审核、存档等，实现危险货物综合管理的信息化、自动化。系统对危化品运输车辆的每个道路运输环节实行完善的统一监督管理，形成一套完善的监管流程，对可能的运输风险及时报警提醒，并可以进行远程控制，一旦发生运输安全事故，可以进行远程与本地报警，准确及时地定位到事故车辆的地理信息。该系统可使危险货物综合管理工作更加科学化、规范化和制度化，最大限度地消除事故隐患，防止和减少事故的发生。

6.20.3　建设运营模式

政府安监项目属于非经营性公共物品，公益性一般，保密性和系统性不高，赢利模式模糊，企业参与运营的积极性不高，该类项目适合政府主导、企业参与建设运营模式（见表6-20）。

表 6-20　智慧城市建设运营模式选择参数表（21）

项目	纯经营性	准经营性	非经营性	公共物品	私人物品	准公共物品	公益性	保密性	系统性	建设运营模式
网格化综合监管子系统			√	√			中	弱	弱	
安全生产视频综合应用子系统			√	√			中	弱	弱	
安全生产检查与隐患排查整治子系统			√	√			中	弱	弱	
职业卫生管理子系统			√	√			中	弱	弱	政府主导企业参与
安全生产应急管理子系统			√	√			中	弱	弱	
安全生产教育培训管理子系统			√	√			中	弱	弱	
安全生产打非治违子系统			√	√			中	弱	弱	

续表

项目	纯经营性	准经营性	非经营性	公共物品	私人物品	准公共物品	公益性	保密性	系统性	建设运营模式
建设项目三同时管理子系统			√	√			中	弱	弱	政府主导企业参与
危险货物综合管理子系统			√	√			中	弱	弱	政府主导企业参与

第7章　智慧城市建设
运营评价体系

高效率地推进智慧城市的建设进程，需要首先做好智慧城市的全面规划、建设与运营管理及评价体系等方面的研究准备工作，而制定客观公正的评价体系在各项准备工作中又是至关重要的。

7.1　智慧城市建设运营评价体系的意义

做好评价体系的研究制定工作对于整个城市建设具有重要意义。智慧城市评价体系提供智慧城市建设的目标和标准，对智慧城市建设、实施、运维的各个阶段工作具有指导意义，可以及时发现建设过程中出现的问题，优化解决方案，使资源得到有效利用，少走弯路，加快建设进程。

首先，研究制定智慧城市评价体系为整个智慧城市的建设明确了目标和标准，对整个建设工作具有指导意义。

其次，科学、系统的评价体系能够帮助管理者对整体建设过程及结果做出客观的评判，及时发现建设过程中出现的问题，优化解决方案，使资源得到有效利用，少走弯路，加快建设进程。

再次，作为整个智慧城市建设过程中必不可少的环节，推进评价体系的研究制定是智慧城市建设的重要保障，将确保智慧城市为国家的城市化建设做出应有贡献。

最后，智慧城市建设运营评价体系是由一套科学系统的评价指标构成的，是对智慧城市建设成果进行量化计算、科学评测的方法体系，是智慧城市建设的行动指南，也是检验智慧城市成果的具体体现，将起到引领、监测指导、量化评估等作用。开展智慧城市评价体系的课题研究势在必行，具有重要的科学研究价值和社会意义。

7.2　智慧城市建设运营评价指标内容

智慧城市建设运营评价体系涉及面广、内容复杂，作者根据自己的研究进展，目前将该评价体系分为智慧城市信息化基础、智慧城市政府政策措施、智慧城市经济发展、智慧城市应用服务、智慧城市居民幸福感指数等 5 个维度，包括 19 个二级指标、77 个三级指标。

7.2.1　智慧城市信息化基础

智慧城市信息化基础是指保障智慧城市各项功能通畅、安全、协同运作的相关基础设施。主要包括 4 个二级指标，11 个三级指标。

7.2.1.1　宽带网络覆盖水平

宽带网络覆盖水平是指各类有线和无线形式的宽带网络在城市中的覆盖比例。包括 3 个三级指标。

（1）光纤到户率

光纤接入是指局端与用户之间完全以光纤作为传输媒体。光纤接入覆盖率是反映城市基础网络设施发展水平核心指标之一。

（2）无线网络覆盖率

无线网络覆盖率指通过各种无线传输技术实现的无线网络连接在城市

区域的覆盖率。

（3）三网融合度

三网融合度是指登录电信网、计算机网和有线电视网任一网络能访问的站点数占三网总的站点数的比重。

7.2.1.2 宽带网络接入水平

宽带网络接入水平指城市居民通过各类宽带接入渠道可实际享受的网络带宽。主要包括 3 个三级指标。

（1）户均网络带宽

户均网络带宽指城市内每户家庭实际使用网络的平均带宽（包括各种家庭网络接入方式）。

（2）企业平均接入带宽

企业平均接入带宽指城市内每个企业实际使用网络的平均带宽。

（3）无线网络平均接入带宽

无线网络平均接入带宽指通过各种无线网络传输方式实现的室外网络连接的平均实际带宽。

7.2.1.3 信息化基础设施投资建设水平

信息化基础设施投资建设水平指在智慧城市相关领域的信息化设施方面投入和建设水平。包括 2 个三级指标。

（1）基础网络设施投资占社会固定资产总投资比重

基础网络设施投资占社会固定资产总投资比重指城市基础网络设施投资的总量占社会固定资产总投资的比重。

（2）传感网络建设水平

传感网络建设水平指通过各种渠道（包括政府和社会）在安装传感终端、建设传感网络方面的固定资产投资。"十三五"期间，智慧城市的传感网络建设投资力度保持较高水平（占社会固定资产总投资的 1% 以上）。

7.2.1.4　通用设施信息化水平

通用设施信息化水平指智慧城市建设包括 3 个三级指标。

（1）高清交互式数字电视网络覆盖率

高清交互式数字电视集广播网、互联网、多媒体、现代通信等多种技术于一体，以电视机和高清交互式机顶盒为终端，向用户提供高清频道收看、高清视频点播、在线游戏、电视支付、远程教育等多种视频和应用服务。高清交互式数字电视网络覆盖率代表下一代广播电视网的发展水平。

（2）市民卡普及率

市民卡普及率指市民用于享受公共服务和办理个人事务使用市民卡的比例。

（3）家庭智能电表普及率

家庭智能电表普及率指居民家庭中安装智能型电、水、气表具的比例。

7.2.2　智慧城市政府政策措施

智慧城市建设基于"基础先行，民生优先"的原则，其公益性较强，政府的政策引导和扶持越显重要。主要包括 2 个二级指标，5 个三级指标。

7.2.2.1　政策导向

政府有关智慧城市政策导向关乎智慧城市的建设运行的效果。主要包括 3 个指标。

（1）是否将智慧城市发展相关内容纳入城市发展规划，作为城市发展的指导方针

（2）是否配套有推进城市范围内智慧城市发展的激励制度政策及措施

（3）是否有推进信息共享、业务协作的政策措施

7.2.2.2 扶持措施

扶持措施主要包括 2 个指标。

（1）是否在智慧城市建设的投融资方面给予激励措施

（2）是否在智慧城市运维方面给予扶持措施

7.2.3 智慧城市经济发展

智慧城市经济发展主要指由于智慧城市的建设和发展而催生衍化或支撑智慧城市建设运行的信息服务业的发展情况。主要包括 2 个二级指标、5 个三级指标。

7.2.3.1 产业发展水平

产业发展水平指城市信息服务业发展的总体实力。主要包括 3 个三级指标。

（1）信息服务业从业人员数的比重

智慧城市信息服务业从业人员占社会从业人员总数的比例。

（2）信息服务业增加值占地区生产总值的比重

信息服务业增加值占地区生产总值的比重主要用于衡量信息服务业总体发展水平。

（3）信息化产业固定资产投资占总投资比重

信息化产业固定资产投资占总投资比重主要用于衡量社会对信息化产业的重视程度。

7.2.3.2 工业、服务业信息化水平

（1）工业化和信息化融合指数

工业化和信息化融合指数指城市工业化和信息化融合发展的水平。

（2）信息服务业增加值占地区生产总值的比重

信息服务业增加值占地区生产总值的比重主要用于衡量信息服务业总体发展水平。

7.2.4　智慧城市的管理和服务

智慧城市的管理和服务是智慧城市建设的最核心内容，主要包括智慧政务、智慧交通、智慧医疗卫生、智慧环保、智慧能源管理、智慧公共安全、智慧教育、智慧社区、智慧物流、智慧旅游、智慧地理信息等方面的管理和服务，是城市居民幸福感指数的直接影响因素。主要包括 9 个二级指标，41 个三级指标。

7.2.4.1　智慧政务

智慧政务指当地政府部门整合各类行政信息系统和资源，提供开放协同、高效互动的行政服务方面的发展水平。包括 5 个三级指标。

（1）行政审批事项网上办理比例

行政审批事项网上办理比例指可实现全程网上办理的区域内行政审批事项占总数的比例。

（2）政府公务行为全程电子监察率

政府公务行为全程电子监察率指通过各类信息化手段对行政许可类事项办理的全程电子监察率。

（3）政府非涉密公文网上流转率

政府非涉密公文网上流转率指政府非涉密公文通过网络进行流转和办理的比例。

（4）企业和政府网络互动率

企业和政府网络互动率指城市区域内通过各类信息化手段和政府进行沟通和互动的企业在与政府有交互行为的企业中的比例。

（5）市民与政府网络互动率

市民与政府网络互动率指城市居民通过各类信息化手段和政府进行沟通和交互的比例。

7.2.4.2 智慧交通

智慧交通指通过信息化技术改善车辆通行效率，提高交通流畅度，优化市民出行体验，使城市交通管理更为精细化和智能化。主要包括 5 个三级指标。

（1）车联网覆盖率

车联网通过装载在车辆上的电子标签以无线射频等识别技术，实现在信息网络平台上对所有车辆的属性信息和静、动态信息进行提取和利用，并根据不同的功能需求对所有车辆的运行状态进行有效的监管和提供综合服务。车联网系统覆盖率反映了智慧交通的智慧化程度。

（2）公交站牌电子化率

公交站牌电子化率指电子公交站牌在城市所有公交站牌中的比例。

（3）市民交通诱导信息服从率

市民交通诱导信息服从率针对驾车出行的市民，是指在驾车出行的市民中，服从交通诱导信息提示的比例。

（4）停车诱导系统覆盖率

停车诱导系统覆盖率指安装停车诱导系统的停车场在城市所有停车场中的比例。

（5）城市道路传感终端安装率

城市道路传感终端安装率指各类交通信息传感终端在城市次干道级以上道路中的安装率。

7.2.4.3 智慧公共安全

智慧公共安全包括城市应急联动、食品药品安全、安全生产、消防管理、防控犯罪等领域。主要包括 8 个三级指标。

（1）食品药品追溯系统覆盖率

食品药品追溯系统覆盖率指可实现从生产到销售的食品药品追溯系统在主要食品药品种类中的覆盖比例。

（2）自然灾害预警发布率

自然灾害预警发布率指一年内对城市遭遇的自然灾害（如地震、暴雨、台风等）及时发布预警的比例。

（3）重大突发事件应急系统建设率

重大突发事件应急系统建设率指城市管理各个领域中对重大突发事件信息化应急系统的建设水平。

（4）城市网格化管理的覆盖率

城市网格化管理的覆盖率指实现网格化管理的城市区域在总区域中的比例。

（5）危化品运输监控水平

危化品运输监控水平指对各类危化品运输车辆的实时监控比例。

（6）户籍人口及常住人口信息跟踪

户籍人口及常住人口信息跟踪指对户籍人口及常住人口详细身份信息的采集和跟踪。

（7）食品安全监管覆盖率

食品安全监管覆盖率指对食品安全进行监管的覆盖范围。

（8）重大食品安全事件次数

重大食品安全事件次数指重特大食品安全案件发生的次数，每年不超过 1 次。

7. 2. 4. 4　智慧医疗

智慧医疗指市民可切实享受到的具有便捷性、准确性的医疗卫生服务。主要包括 3 个三级指标。

（1）市民电子健康档案建档率

市民电子健康档案建档率指拥有电子健康档案的市民所占的比例。

（2）电子病历使用率

电子病历使用率指城市内使用电子病历的医院占医院总数的比例。

（3）医院间资源和信息共享率

医院间资源和信息共享率指城市内实现医疗资源及信息共享的医院占总数的比例。

7.2.4.5 智慧环保

智慧环保是指通过各种传感终端和感知网络，对环境（主要是大气、水源等）进行实时监测、预警，并做出相应的处理。主要包括 3 个三级指标。

（1）环境质量自动化监测比例

环境质量自动化监测比例指通过信息化手段对大气和水实现自动化实时监测的比例。

（2）重点污染源监控水平

重点污染源监控水平是指对城市内重点污染源的信息化监控比例。

（3）碳排放指标

碳排放指标指单位国内生产总值二氧化碳排放量。

7.2.4.6 智慧教育

智慧教育指市民获得各类教育资源和信息的便捷、精准程度，以及教育设施的信息化程度。主要包括 3 个三级指标。

（1）城市教育支出水平

城市教育支出水平指用于教育方面的硬件和软件投入。

（2）家校信息化互动率

家校信息化互动率指各类中小学中，通过各类信息化技术实现家校互动的比例。

（3）网络教学比例

网络教学比例指城市中各类学生通过信息化手段接受网络教育的比例。

7.2.4.7　智慧能源管理

智慧能源管理指城市能源管理的智能化水平，这是体现城市绿色低碳的重要指标。包括 4 个三级指标。

（1）企业智能化能源管理比例

企业智能化能源管理比例指企业中应用各类信息技术进行管理和平衡能源消耗的比例。

（2）路灯智能化管理比例

路灯智能化管理比例指城市次干道级以上道路的路灯中实现智能化管理的比例。

（3）新能源汽车比例

新能源汽车比例指新能源汽车在城市所有机动车辆中所占比例。

（4）建筑物数字化节能比例

建筑物数字化节能比例指城市乙级以上办公楼中采用信息化技术实现节能降耗的比例。

7.2.4.8　智慧社区

智慧社区指依托信息化手段，对社区（以居委会为单位）管理中的居民管理、信息推送、养老服务等提供便利。主要包括 4 个三级指标。

（1）社区信息服务系统覆盖率

社区信息服务系统覆盖率指拥有综合性信息服务系统的社区在所有社

区中所占的比例。

（2）社区服务信息推送率

社区服务信息推送率指社区管理机构通过信息化手段向社区居民主动推动各类服务信息占信息总量的平均比例。

（3）社区老人信息化监护服务覆盖率

社区老人信息化监护服务覆盖率指对社区实际提供的养老监护占需要监护的老人的比例。

（4）居民小区安全监控传感器安装率

居民小区安全监控传感器安装率指城市内具有独立物业的居民小区中安全监控类传感器的安装比例。

7.2.4.9　智慧物流

智慧物流主要指对物流管控的程度，包括6个三级指标。

（1）企业网站建站率

企业网站建站率指拥有网站的企业占企业总数的比例。

（2）企业电子商务行为率

企业电子商务行为率主要指企业在采购和销售等过程中电子商务行为所占的比例。

（3）企业信息化系统使用率

企业信息化系统使用率指企业在研发、生产和管理过程中使用各类信息化系统的比例。

（4）货物物流过程跟踪比例

货物物流过程跟踪的比例应该在80%以上。

（5）网上购物人群占全市总人口比例

网上购物人群占全市总人口比例指消费者使用网络进行购物的人数占全市总人口的比例。

（6）电子商务交易额占商品销售总额的比重

电子商务交易额占商品销售总额的比重主要用于衡量区域经济运行的电子化程度（包括以销售为主的电子商务平台和采用电子商务手段销售的相关生产和服务型企业）。

7.2.5　智慧城市居民幸福感指数

智慧城市居民幸福感指数主要以市民主观感知性的指标为主，采取抽样调研的形式，对智慧城市建设的相关重要方面进行评价和衡量。

7.2.5.1　生活的安全感

生活的安全感主要指市民在城市生活中，对食品药品安全、环境安全、交通安全、防控犯罪安全等方面的满意度。包括 4 个三级指标。

（1）食品药品安全满意度

食品药品安全满意度指市民对食品药品安全的满意程度。

（2）环境安全满意度

环境安全满意度指市民对城市环境污染治理和监控、突发事件的及时响应和处理等方面的满意程度。

（3）交通安全满意度

交通安全满意度指市民对城市交通安全（包括道路交通安全，轨道、航空交通安全等）的满意程度。

（4）防控犯罪满意度

防控犯罪满意度指市民对城市的犯罪行为发生率以及相应的监控、预警和处理的满意程度。

7.2.5.2　生活的便捷度

生活的便捷度指市民在出行、就医、教育等各方面办事的便捷程度。

包含 7 个三级指标。

（1）网络资费满意度

网络资费满意度指用户对缴纳的网络资费的满意程度。

（2）交通信息获取便捷度

交通信息获取便捷度主要指市民日常出行过程中对交通信息获取的便捷程度。

（3）城市就医方便程度

城市就医方便程度主要指市民在就医过程中，对时间花费、医务人员态度、医疗手段和效果等方面的满意程度。

（4）政府服务的便捷程度

政府服务的便捷程度指市民在办理与政府管理和服务相关事项时的便捷程度。

（5）获取教育资源的便捷程度

获取教育资源的便捷程度指市民在就学、再教育等方面的便捷感知程度。

（6）公共交通连接满意度

公共交通连接满意度指市民在换乘公共交通工具方面的满意程度。

（7）公共交通质量满意度

公共交通质量满意度指市民对公共交通提供的服务的满意程度。

第 8 章　智慧城市建设
运营保障体系

智慧城市建设是一个复杂的巨系统工程，涉及城市的工业、农业、商业、服务业、公安、交通、医疗、教育、能源、环保等各方面，涉及面广，工程复杂，协调困难，因此，在智慧城市的建设运营过程中，完善的保障措施不可或缺。

8.1　加强组织领导

智慧城市建设涉及城市建设的诸多方面，为了加强管理，协调各方面，首先要成立市智慧城市建设领导小组，由市长担任组长，市委、市政府分管领导为副组长，市委办公厅、市政府办公厅、市发改委、市经信委、市建委、市交委、市电子政务信息管理中心、市科技局、市财政局、市规划局、市公安局、市城管局、市卫生局、市环保局、市旅游局等部门，以及相关科研院所、高等院校和企业等单位负责人作为成员参加领导小组。领导小组下设办公室，由具体负责信息化工作的相关单位承担具体工作。

在具体的建设过程中，要坚持以下几个原则：一是领导带动，以身作则抓落实。"一把手"要亲自抓，分管领导具体抓，要从严要求、从严管理，以身作则、率先垂范，按职责抓、按分工干、勤于调查、乐于思考、重用人才、把好导向。二是提高认识，创新思路抓落实。要立足现状，顺应形势，摆脱思维定式和传统经验的束缚，不断寻求新的思路和方法，使智慧城市建设和应用的力度更大、速度更快、效果更好。三是跟踪问效，责任驱动抓落实。智慧城市建设领导小组及各委办局领导要对建设推进情况和应用的措施落实情况进行跟踪，过问智慧城市建设工作绩效情况，强化责任意识，强化责任分解，强化责任考核，形成一级抓一级、层层抓落实的工作格局，防止推诿扯皮。四是坚持不懈，持之以恒抓落实。智慧城市建设工作是一项长期工作，要使其落到实处、见到成效，就必须做到上级强调与不强调一个样，不能"三天打鱼两天晒网"，不能奢望通过一两次专项活动就一劳永逸、万事大吉，必须持之以恒，从方式方法上抓创新，常规工作中抓细节，坚持不懈地努力，通过好的过程取得好的结果。

8.2　统筹智慧城市建设

8.2.1　全市信息化项目统一审核

实行全市"一盘棋"信息化战略，将全市信息化项目纳入智慧城市建设范畴，统筹规划项目建设。智慧城市建设是一项复杂的巨系统工程，应该在市委、市政府的统一领导下，统筹建设，专人专管，各司其职。另外，除了人力、资金、技术等支撑外，还必须由相应的机构对全市信息化项目进行统一审核，由负责智慧城市建设的智慧城市领导小组统筹管理全市信息化项目，避免重复建设，消除"信息孤岛"问题，促进信息共享和业务协同。

8.2.2　建设全市公共信息平台

公共信息平台是城市公共数据的进出通道，其作用是实现城市公共数据的交换、清洗、整合和加工，实现城市公共数据的共享服务，为政府专网、公共网络上的各类智慧应用，提供基于城市公共数据库数据服务、时空信息承载服务、基于数据挖掘的决策知识服务等。

公共信息平台有利于实现城市内不同部门异构系统间的资源共享和业务协同，有效避免多头投资、重复建设、资源浪费等问题，使市民、企业、政府可以便捷、多渠道、低成本地获取服务，有效支撑整个城市正常、健康地运行和管理。

在智慧城市建设中，公共信息平台应该首先纳入智慧城市建设，以便实现各部门之间互联互通、资源共享，为智慧城市建设打下良好的基础。

8.2.3　统筹建设空间地理信息系统

空间地理信息系统（GIS）作为城市信息化建设基础平台，其建设和需求单位众多，涉及规划局、国土局、城乡建设委员会、房管局、公安局、交通局、城管局、广电中心等多个单位，但由于缺乏统筹规划和统一的建设标准，基本上各个城市都呈现各委办局自建、系统间不兼容、数据更新不及时、整合困难等诸多问题。

为了避免重复建设、统一标准规范，必须统筹建设城市空间地理信息系统，将其作为智慧城市的重点工程。市政府应高度重视，出台相关政策措施，指定地理信息系统的重点使用单位对各委办局进行协调和统筹建设，充分考虑各相关单位的使用需求，对已有的 GIS 系统进行整合或新建，制定相关标准，建立"一张图"的管理模式，为智慧城市的建设打下坚实基础。

8.3 建立配套政策

8.3.1 以政府为引导

政府是智慧城市的整体组织者、管理者、保障者和直接参与者，是智慧城市发展的直接动力。智慧城市建设必须坚持以政府为引导，协调各方科学制定建设规划，充分调动各方积极性，积极构建以政府为引导、企业和市民为主体、市场为导向、产学研用相结合的推进体系，不断增强建设智慧城市的综合实力。

8.3.2 建立规范完善的法律、法规和政策支撑体系

高度重视与智慧城市建设相关的运营规则、法律规范、信息化技术标准、制度规则的创新和应用的试点示范工作。制定和完善智慧城市建设方面的政策，优化发展环境，规范建设行为，确保最佳的投资、创业环境，并提高对各项制度、法律、法规的执行能力，将其纳入绩效考核体系，建立和完善法律、法规和政策支撑体系。

8.3.3 建立配套服务体系

按照配套先行、服务先行的理念，不断加强交通、网络、通信等方面的基础设施建设，美化环境，不断完善住房、餐饮、医疗、教育等相关的生活服务，建立多层次的配套服务体系。

8.4 保障资金到位

加大对智慧城市相关项目的资金投入，充分发挥市科技部门和各种市

级计划的引导作用，积极争取国家和省科技部门、经济综合管理和各相关产业部门对智慧城市建设的指导与支持，争取更多的试点、示范项目落地。可以设立智慧城市专项资金，市直有关部门和开发区每年单列专项资金予以支持，增强政府调动全社会资源配置的能力，同时吸引和鼓励民间资本、金融资本、国际资本对智慧城市建设的投入。

根据每个建设领域的特点，在重要性、保密性允许的条件下，按照政府引导、市场运作的原则，对其中的一部分领域采取不同的投融资方式进行建设，一部分可以由企业来承建，并赋予其一定的经营权。

为参与建设的企业提供一些资金保障的政策和优惠。加快完善风险投资机制，发挥政府投资的导向作用，建立健全政府与企业等多方参与的投融资机制。探索支持经济可持续发展的金融模式，积极支持各领域建设的融资工作，尤其是要优先保障试点工程建设的资金，拓展科技信用贷款、科技金融保险、知识产权质押等特色融资业务。围绕智慧城市的建设重点加大信贷力度，为参与建设的企业提升金融服务水平，提高服务能力，加大推进银团贷款筹组力度，保证重大建设项目资金的高效筹措。结合项目的特点，可以将投资密度比较大的分布工程压后施工，超前进行融资，时间及资金数量需要留有余地。将智慧城市建设分期、分段进行项目分解，按分项目的适应性安排融资建设；优化投资方案，对项目的进度及投资目标进行跟踪管理。

8.5　强化人才培养

要坚持引进与培养并重的原则，注重高技能创新型人才的培养和引进，加强高层次人才再教育，以即将推进的各示范项目为载体，培育高水平的人才队伍。吸引业界知名的专家学者参与研究，引进海内外物联网科技人才和管理人才参与智慧城市建设。

同时，强化人才培训，深化信息化应用意识，提高应用水平。主要包括以下几项措施：一是组织多层级、多形式的技能培训。按照"先领导、再骨干、后推广"的顺序，分层次、分行业、分专业、分熟练程度，设置不同培训重点，有针对性地开展培训。二是提高从领导决策层到基层的信息化应用意识，组织专门的知识讲座，加大宣传智慧城市的效果和实际好处，让智慧城市建设深入人心。三是编辑各种智慧城市的信息化应用教程、使用手册、教学视频等，下发到各级单位。先在重点单位设置专门班子定期研究信息化应用的工作方式，形成固定模式和应用过程制度化。

8.6　建设安全体系

建设全市统一、完善的智慧城市安全保障体系。实施信息安全等级保护制度，建立信息安全风险评估体系。制定信息安全总体实施规范和不同行业的应用指南，建立信息化安全责任体系，建立信息网络安全技术、设备和产品的监督管理制度。建设集约化的灾难备份与恢复系统，建立一整套安全防范机制，定期进行常规性的安全检测，对突发性的安全事件制定应急预案。完善网络安全规章制度，普及网络安全知识，建立网络安全负责制。坚持信息安全国产设备政府采购政策，形成基础信息网络和重要信息系统以自主可控设备为主的格局。

第 9 章　结　束　语

　　没有一个真理是永恒的，真理会随着其条件的改变而成为谬误，智慧城市运营模式也是如此。智慧城市项目在不同的城市实施，其各自的特点和不同的区域文化及时间、空间等条件的差异，以及不同项目各自的特点等因素，都会对智慧城市运营模式产生重大的影响。相同的智慧城市项目在不同时间和城市，其运营模式也会有所差异；即使在相同的时间和城市，也会受政府不同政策措施的影响，其运营模式也截然不同。本书总结了当前国际上智慧城市运营模式的成功案例，介绍了当下国际上几种先进的运行模式和这几种运行模式的运营所必需的外部条件及其优点，对智慧城市运营模式的原理做了基本的阐述和规律性的描述，给智慧城市建设运营模式提供了参考建议。在实际运用中，还要根据实际的情况做出相应的变化。本书编写时间较仓促，作者水平有限，虽已抒己之所有也难免有不妥之处，还请各位专家、读者不吝赐教。

参 考 文 献

［1］郭会明，于相宝. 智慧城市建设运营模式研究［J］. 经济研究导刊，2015（5）.

［2］于相宝，郭会明，张德智，刘娇龙. 智慧城市建设面临的困境及建议［J］. 当代学术发展研究，2012（10）.

［3］王灏. 城市轨道交通投融资模式研究［M］. 北京：中国建筑出版社，2010.

［4］张继平. 智慧城市之路［M］. 北京：电子工业出版社，2011.

［5］陈江岚，王兴全. 智慧城市丛书［M］. 上海：上海社会科学院出版社，2011.

［6］杨冰之. 智慧城市发展手册［M］. 北京：机械工业出版社，2012.

［7］陈畴镛，周青. 智慧城市建设：主导模式、支撑产业和推进政策［M］. 杭州：浙江大学出版社，2014.

［8］王世伟，王兴全，李勇. 智慧城市词典［M］. 上海：上海辞书出版社，2011.

［9］戴大双，宋金波. BOT 项目特许决策管理［M］. 北京：电子工业出版社，2010.

［10］葛培健，张燎. 基础设施 BT 项目运作与实务［M］. 上海：复旦大学出版社，2012.

［11］上海浦东智慧城市发展研究院. 智慧城市指标体系 1.0 ［M］. 新华网上海频道，2011.

［12］方维慰. 城市信息化水平的测评研究 ［J］. 情报科学，2003 （10）.

［13］赵艳萍，姚冠新. 面向动态联盟 PPC 系统评价指标体系的构建 ［J］. 商业研究，2007 （12）.

［14］李随成，陈敬东，赵海刚. 定性决策指标体系评价研究 ［J］. 系统工程理论与实践，2001，9：（9）.

［15］国家统计局科研所信息化水平的国际比较研究课题组. 国际电信联盟的信息化发展指数国际比较 ［J］. 中国信息界，2010 （4）.

［16］张旭辉，阳霞. 项目投资管理学 ［M］. 成都：西南财经大学出版社，2010.

［17］金江军. 迈向智慧城市：中国城市转型发展之路 ［M］. 北京：电子工业出版社，2013.

［18］仇保兴. 中国智慧城市发展研究报告 ［M］. 北京：中国建筑工业出版社，2013.

［19］陈江岚，王兴全. 智慧城市论丛 ［M］. 上海：上海社会科学院出版社，2011.

［20］郭理桥. 中国智慧城市标准体系研究 ［M］. 北京：中国建筑工业出版社，2013.

［21］杨正洪. 智慧城市：大数据、网联网和云计算之应用 ［M］. 北京：清华大学出版社，2014.

［22］成思危. 智慧城市需四大要素 ［N］. 中国经济报，2010.05.22.

［23］刘韵洁. 智慧城市的机遇和挑战 ［EB/OL］. 创新与城市发展高层论坛，2010.9.

［24］邬贺铨. 物联网是智慧城市的重要标志［N］. 人民邮电报，2010. 05. 18.

［25］王勇，李广斌，钱新强. 国内城市经营研究综述［J］. 城市问题，2004（1）.

［26］李显冬. 市政特许经营中的双重法律关系——兼论市政特许经营权的准物权性质［J］. 国家行政学院学报，2004（4）.

［27］杨为官，郑维峰. 论 PFI 模式在我国城市经营中的运用［J］. 经济纵横，2003（2）.

［28］任波，李世蓉. 公共项目私人融资新途径——PFI［J］. 重庆建筑大学学报，2000（5）.

［29］王进. 应用 PFI 方式进行公共产品生产的风险控制分析［J］. 基建优化，2003（5）.

［30］黄文华. 经营城市的系统模式及其主客体关系分析［J］. 前沿，2003（1）.

［31］饶会林. 城市经营浅谈［J］. 城市问题，2002（1）.

［32］任致远. 关于城市经营的几个观点［J］. 现代城市研究，2002（1）.

［33］马泽. 对经营城市与招商引资的思考［J］. 发展论坛，2002（11）.

［34］李祖革. 对经营城市的几点认识［J］. 学习论坛，2002（1）.

［35］张京祥，朱喜钢，刘荣增. 城市竞争力、城市经营与城市规划［J］. 城市规划，2002（8）.

［36］陈岩松，王巍. 关于城市经营的研究与思考［J］. 城市规划，2002（2）.

［37］周建军，孙永正，俞滨洋，吴松涛. 我谈城市经营［J］. 城市规

划，2002（11）.

[38] 孙菊生，张启良. 论经营城市的科学内涵与基本思想［J］. 当代财经，2002（3）.

[39] 赵燕菁. 从城市管理走向城市经营［J］. 城市规划，2002（11）.

致　　谢

　　智慧城市建设运营是一项复杂的巨系统工程，是利国利民、关乎社会发展的大事。中国航天科工集团在 2011 年集全集团之力，组织上百人参与智慧城市总体规划设计及相关产品研发。因此，首先向参与这项工作的诸多科研人员表示衷心的感谢。特别感谢全春来副院长、周翔总经理、杨悦副总、杜延斌副总、孟宪凌等领导，以及武汉智慧城市项目组和襄阳智慧城市项目组成员黄俊峰、戴俊、马凤、刘娇龙、陶刘群和李广博等。